KB083519

자연치아를 살리는 평생 보장플랜

자연치아에서 잇몸, 턱관절, 얼굴형, 비용절감

100세까지 평생 치아를 지키는 가이드라인!

백세시대!
당신은 평생 씹고 뜯고 맛보고
즐길 수 있다!

'씹고 뜯고 맛보고 즐기고~' 라는 광고 속 노래를 들어보셨을 겁니다. 세상에서 먹는 즐거움이 사라지고 불편함만 남는다면 어떨까요? 그런 순간이 온다는 생각만 해도 끔찍합니다.

사람들이 죽기 전에 가장 후회하는 일 중 하나가 바로 치아건강입니다.

80대 이상 노인을 상대로 한 연구를 한 번 볼까요? 남아있는 치아가 많을수록 삶의 질이 훨씬 높다는 결과가 있었습니다. 남겨진 치아 개수로 삶의 질을 논하다니, 평생 음식을 즐기며 산다는 것이 얼마나 행복에 큰 비중을 차지하는지 보여줍니다.

백세시대! 80세라도 남은 인생이 20년입니다. 30세라면 무려 70년! 우리나라의 기대 수명 속도가 가장 빠르게 증가하고 있다는 사실, 알고 계시죠? 자연치아를 온전히 살려두는 것은 노후에 든든한 재산을 가지고 있는 것과 같습니다.

아는 게 병, 모르는 게 약이라는 말, 단언컨대 치아에 관해서라면 세상에서 가장 무서운 이야기입니다! 치아관리는 아는 만큼 약이 되고 모르는 만큼 병이 됩니다.

치아의 건강에도 골든타임은 존재합니다. 심하게 상하고 흔들려서 결국 뽑아내게 되었다면 당신은 치료의 골든타임을 놓쳐버린 것입니다. 치아는 우리의 신체 중 가장 견고하고 단단한 조직이기 때문에 기본적인 관리만 해줘도 잘 망가지지 않습니다. 그런데 치료시기를 놓쳐 뽑아내는 고통이 허다하니 안타까울 뿐입니다. 그래서 펜을 들게 된 것입니다. 누구나 백 살이 되어서도 씹고 뜯고 맛보는 즐거움을 충분히 누릴 수 있기 때문입니다.

비용 때문에 치과에 가기 참 망설여지기도 합니다. 바가지를 씌울까봐, 불필요한 치료를 할까봐, 목돈의 치료비용이 나올까

봐 치과 문턱을 넘기가 망설여진다는 걸 치과의사들은 모를까요? 고백하건데 치과의사인 저도 아주 잘 압니다.

"선생님, 저 앓니 뽑고 그냥 임플란트해 주세요."

얼마 전 20대 젊은 남성분이 내원하자마자 한 말입니다.

"무작정 치아를 뽑아달라고요?"

그는 확신하는 것처럼 말했습니다. 충치가 있을 뿐, 신경치료로 충분히 살릴 수 있는데도 말입니다.

"임플란트는 최대한 늦추는 것이 좋습니다."

저의 답은 단호했습니다.

"치료받는 것도 불편하고, 솔직히 나중에 돈 더 드는 거 아니에요?"

이유를 들어보니 몇 달 전 임플란트를 했는데, 상한 치아를 계속 치료하면서 미룰 바에야 비용으로나 편의상 임플란트가 더 낫다는 것이었습니다.

저는 여전히 단호했습니다. 망치가 있었다면 탕탕탕! 세 번 두드렸을 겁니다.

"젊은 시기일수록 자연치아를 최대한 보존하는 것이 좋습니다."

실랑이에 가까운 설득을 해서 이후 몇 번의 치료가 이루어졌습니다. 후회는 늘 이미 한발 늦은 다음입니다. 마지막 인사와 함께 흘려들었던 말이 아직도 기억에 남습니다.

"전에 있던 치아도 한번 살려볼걸…"

저는 동네 치과 의사입니다. 건강한 치아로 충분히 맛보고 즐기며 사시는 분들을 보면 제 마음도 덩달아 즐거워집니다. 아프고 나서 마지못해 찾는 것이 아니라 이웃집에 수다를 떨러 가듯 편하게 방문하는 치과를 만들어가는 것이 저의 꿈이니까요.

백세를 준비해야만 하는 시대, 그래서 제 가족과 친구들도 꼭 알아두었으면 하는 알짜 정보들을 이 책에 담았습니다. 책을 덮는 순간까지 동행하신다면 당신은 건강하고 아름다운 치아로 웃을 수 있을 것입니다. 어때요? 동네치과 아저씨와 함께 백세 건강시대로 걸어갈 준비 되셨나요?

올바른치과 원장 김 문 섭

차례

part

2 백세 심미 치아

part 3 평생 비용 절감

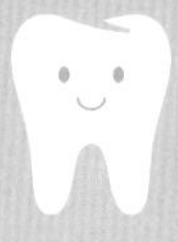

part 1

백세 건강 치아

❶

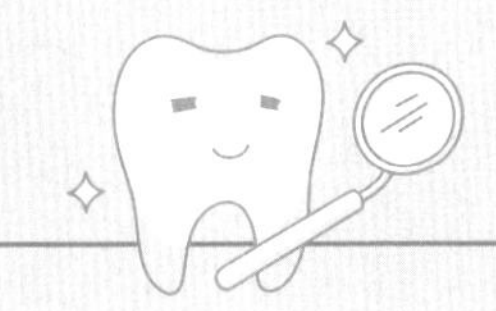

임플란트의 상식과 오해

| 처음 인사를 나누는 사람의 앞니가 빠져있다면?

TV를 보다보면 개그맨들이 웃음을 위해 앞니가 빠진 분장을 한 모습을 보곤 합니다. 수없이 보았는데도 이상하게 또 웃게 됩니다. 치아가 첫인상에 얼마나 큰 영향을 미치는지 알 수 있는 부분입니다.

치아가 빠졌다면? 하고 물으면 대부분 '임플란트'를 생각하는 것이 당연시 되는 것 같습니다. 임플란트 시술을 해 본 적 없는 사람도 같은 대답을 합니다.

그렇다면 임플란트는 어떤 장단점이 있을까요? 임플란트에 대한 상식과 오해에 대해 아는 것은 치아건강에서 매우 중요해지고 있습니다. 분명 임플란트는 주변 치아에 손상을 주지 않고 상실한 곳을 튼튼하게 채워줄 수 있기 때문에 기능적으로나 심미적으로 가장 우수한 대체물입니다.

그렇다면 임플란트는 반영구적이고 자연치아보다도 더 단단할까요?

답은 X입니다.

자연 치아는 흙 속에 깊이 뿌리를 내린 나무와 같습니다. 뿌리를 통해 물과 영양분을 흡수하며, 거친 바람이 불면 흔들흔들 움직이기도 하고 때로는 꿋꿋하게 버티며 살아갑니다.

치아 아래쪽엔 치주인대라는 조직이 쿠션의 역할을 하죠. 음식을 씹고 이를 가는 등 큰 힘이 가해져도 힘을 적절히 분산시킬 수 있습니다.

임플란트도 마찬가지 아니냐고요?

임플란트는 오히려 콘크리트 속에 박혀있는 전봇대라고 할 수 있습니다.

아무것도 느낄 수 없기 때문에 강한 힘이 전해질 때 피하지 못하고 부러지거나 깨지기도 합니다. 유연성도 부족해서 위아래로 씹는 힘에는 잘 견디지만 옆으로 가해지는 힘, 즉 좌우로 비트는 힘에는 약합니다.

거기서 멈추면 괜찮으련만 혈액의 공급도 매우 적지요. 그러니 세균의 침입에 취약해집니다. 반면 자연치아의 치주인대는 세균에 대한 방어벽 역할을 하기 때문에 스케일링, 잇몸수술 등 치주질환 치료에 반응이 좋습니다.

그렇다면 임플란트는 웬만하면 피하는 것이 좋다?

그렇지는 않습니다. 최대한 늦추라는 것입니다. 자연치아 치료가 실패한 후에 선택해도 늦지 않기 때문입니다. 자연치아를 살리는 작업은 흙 속에서 다시 나무를 가꾸는 것과 같습니다. 처음부터 임플란트를 시도한다면 자연치아를 살릴 수 있는 가능성을 차단하는 결과가 됩니다.

특히 어린 나이일수록 남은 생애동안 임플란트가 망가지고 고치고를 계속 반복하게 됩니다. 이러한 과정을 여러 번 겪을 수 있기 때문에 환자와 의사 모두에게 부담으로 다가옵니다. 그래서 나중에 다시 인공치아를 해야 되는 상황이 오더라도 자연치아를 먼저 살려보려는 노력은 대단히 중요합니다. 그러한 방법들을 우선적으로 시도 한다면 '자연 치아'라는 싱싱한 나무가 더욱 오래 유지될 수 있을 것입니다.

| 자연치아의 심폐소생술!

살릴 것인가 뽑을 것인가.

어떤 치아가 생사의 경계에 있다면 살리려는 병원도 있고, 서둘러 빼려고 하는 곳도 있습니다. 사실 치과도 상업적인 판단에서 완전히 벗어나긴 힘듭니다. '일단 빼고 봅시다!' 하고 권하는 곳도 제법 있을 것입니다.

물론 치과의사마다 소견이 있겠지만 병원입장에서는 확실히 치아를 뽑고 임플란트를 심는 것이 수월하고 수익성도 훨씬 좋기 때문입니다. 그러나 고백하건대 아직 기회가 있습니다. 한 번 더 물어보십시오. 나의 치아를 살릴 가능성이 있는지 말입니다. 아직 심폐소생술을 할 수 있는 방법들이 남아 있으니까요.

치아를 뽑아야하는 경우는 대부분 충치와 잇몸질환 때문입니다.

충치가 치아의 절반 이상을 먹었거나, 잇몸 아래까지 염증이 번져 있다면 살려내기 힘든 때가 많습니다. 하지만 반대로 충치가 심하지 않고, 잇몸질환이 깊이 진행된 상황이 아니라면 자연 치아를 살릴 수 있는 가능성은 생각보다 훨씬 높습니다.

가장 빈번한 사례가 신경치료를 했던 치아가 다시 망가지는 경우입니다.

저도 재신경치료를 할 때 100% 살릴 수 있다는 확신을 갖지는 못합니다.

그래서 그때도 고백하곤 합니다.

"살리지 못할 수도 있습니다. 그래도 세 번까지는 시도해 봅시다! 아직 포기는 이르니까요."

정성덕분인지 그렇게 살려내는 경우가 종종 있답니다. 그러니 쉽게 포기할 수가 없는 것입니다.

재신경치료를 먼저 권하는 치과의사는 제 생각에 많지 않습니다. 비용 때문만은 아닙니다. 자연 치아를 살려낸다면 감사하다는 이야기를 듣지만 실패하면 불필요한 시간과 비용낭비를 했다고 받아들일 수 있기 때문입니다.

그래서 치과의사가 먼저 뽑자고 했을 때, 환자가 다시 한 번 신경치료를 해달라고 말한다면 자연치아를 살릴 수 있는 가능성이 그만큼 더 늘어나게 됩니다.

"실패해도 좋으니 다시 한 번 신경치료를 해주 실수 없나요?"

이 짧은 물음이 좋은 기회가 될 수도 있는 것입니다.

재신경치료가 치아를 살리지 못한다면 선택권은 없는 것일까요?

그래도 아직 가능성은 남아있습니다. 바로 자신의 치아를 치료해서 다시 심는 자가 치아이식입니다. 이 방법에는 두 가지가 있습니다.

의도적 재식술은 치아를 발치해서 뿌리부분의 염증을 제거한 후, 제자리에 심어주는 치료법입니다. 상한 치아는 뿌리 밑 3mm 부분에 많은 염증이 모여 있는데, 이곳을 잘라내고 다시 식립하는 것입니다. 잇몸상태가 좋다면 높은 성공률을 보이고 예후도 좋아 추천할 만한 시술입니다.

치아를 살리기 어렵다고 판단될 때는 자신의 다른 치아를 뽑

| 그림 1 | **자가 치아 이식술**

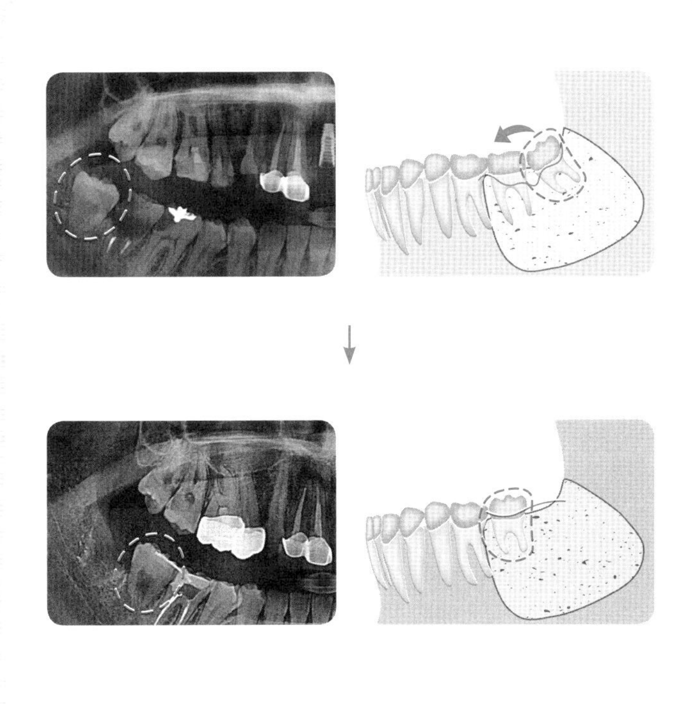

임플란트를 하지 않고 사랑니를 옮겨 심은 경우

아 심는 자가 치아 이식술이 있습니다. 이때 온전한 사랑니가 있다면 톡톡한 구실을 합니다. 강도가 비슷하고 임플란트보다 훨씬 저렴하다는 장점까지 있습니다. 물론 상태가 깨끗하고 크기와 모양이 잘 맞아야하지만, 가능성이 있다면 시도해볼 가치가 충분합니다.

"선생님, 저는 이미 임플란트를 여러 개 했는데, 또 충치가 생겨서 치아를 뽑아야한대요. 방법이 없을까요?"

20대 초반의 아직 앳되어 보이는 학생이 내원해서 고민을 토로했습니다.

왜 없겠습니까? 사랑니가 있잖아요!

옮겨 심을 수 있는 사랑니가 있는지 확인해 봤습니다. 다행히 왼쪽 어금니 옆에 눕지 않은 것이 있었는데, 크기가 커서 그대로 심을 수는 없었죠. 일단 뽑아낸 다음 모양을 다듬은 후 이식을 했습니다. 손상 없이 뽑을 수 있다면 사이즈가 좀 다르더라도 이렇게 알맞게 삭제해서 맞춰 볼 수도 있습니다. 시술이 잘 되서 위에 크라운을 씌우고 마무리했습니다. 별다른 이상이 없다면 중년이 될 때까지도 사용할 수 있죠.

어때요? 이럴 땐 사랑니가 정말 멋진 역할을 하지 않나요?

잇몸질환이 없는 상태라면 자가 치아 이식은 임플란트와 비슷한 성공률을 보입니다.

내 치아를 재사용하기 때문에 매우 인체 친화적이며 관리만 잘해주면 반영구적으로도 사용이 가능합니다.

"임플란트 하기 전에 자연 치아를 살릴 방법 있습니다. 한번 시도해 봅시다!"

혹시 이렇게 이야기하는 의사 분을 만났다면 정말 좋은 병원을 찾아갔다고 할 수 있습니다. 살릴 수 있을지 없을지 모르는 병든 치아를 뽑아 치료하고 다시 심어서 회복을 기다리는 과정은 환자와 의사 모두에게 스트레스로 느껴질 수 있기 때문입니다. 그래서 서로 고민 없이 임플란트를 권하고 선택하는 것이 당연시되기도 합니다.

하지만 성공했을 때 얻는 효과와 만족은 크게 느껴질 것 입니다. 과정이 좀 어렵더라도 말이지요.

| 치과마다 기준이 달라요!

모든 치과에 적용되는 임플란트의 치료 기준은 없습니다. 예전에는 치아가 빠진 개수만큼 임플란트로 채우는 것이 원칙이었습니다. 그러나 이러한 생각도 많이 바뀌었습니다.

예를 든다면 연결된 3개의 치아에 임플란트가 필요할 때, 잇몸과 뼈의 상태가 충분히 튼튼하다면 하나를 건너뛰고 임플란트 브릿지 형태로 2개로도 무방하다고 봅니다. 상황마다 유동적으로 판단할 수 있는 것입니다. 또 임플란트의 시술방법, 부품과 제작회사 등에 따라 비용차이가 나기도 하기 때문에 병원에 이러한 사항들을 문의해 보는 것이 좋습니다.

이런 문구들을 자주 보셨을 겁니다.

임플란트 반값 할인!
당일 바로 사용 가능!

어떤가요? 관심이 쏠리나요? 하지만 싸고 빠르게 한다는 점을 강조해서 대대적으로 광고한다면 일단 경계하는 것이 좋습니다.

임플란트 반값에 당일 바로 사용을 할 수 있다니 이보다 더 좋을 수는 없는데 왜 그런 거냐고요? 자연 치아를 살리는 방법보다는 수익성이 좋은 임플란트를 권할 가능성이 크기 때문입니다. 어떤 분들은 대형 체인 병원의 광고를 보고 찾아갔는데 추가 치료로 수백만 원을 쓴 후에 개인병원 의사인 저에게 와서 이것이 합당한 비용이었는지 물어보는 경우도 있습니다.

치료에 대한 상담을 의사 대신 실장이 대신 하는 곳도 있습니다.

"원래 비용은 이보다 훨씬 높은데 오늘 결제를 하시면 특별히 저렴하게 해 드릴게요. 그리고 결과를 매우 만족해하신 분들의 사진이 있는데 한 번 보시겠습니까?"

당일 결제 혜택으로 마지막 굳히기에 들어갑니다.

휘황찬란한 기대 결과를 보여주면서 여러 가지 추가 혜택이 있는 것처럼 얘기하면 다급한 환자들은 쉽게 현혹될 수 있습니다.

그러나 치료에 대한 상담은 의사에게 받아야 정상입니다. 사전 상담을 꼼꼼히 받아 치료계획을 철저히 세워야 합니다. 환자의 충분한 이해가 선행된 후 치료를 받아야 모두 만족할 수 있는 결과를 얻을 수 있습니다.

너무 당연한 이야기 아니냐고요?

그렇다면 어떤 곳이 임플란트 시술을 받기에 좋은 치과일까요?

충치 몇 개, 보철치료 몇 개 하는 식의 고지가 아닌 환자가 자신의 상태를 직접 확인할 수 있는 곳, 의사가 그에 대해 꼼꼼히 상담을 해주는 곳, 그런 치과라면 일단 믿고 맡길 수 있을 것 입니다. 내 치아는 너무도 소중하니까요!

자, 그런 치과를 선택했다면 이제 의사에 대한 믿음이 중요합니다.

치과의사는 매우 섬세한 작업을 반복하는 사람이기 때문에 심리적으로도 대부분 섬세한 감정을 가지고 있습니다. 환자가 의사에게 신뢰를 보인다면 더욱 꼼꼼히 진료를 할 수 있는 분위기가 형성 됩니다. 그 효과는 온전히 환자에게 돌아오게 되죠. 계속해서 치과의사의 조언을 믿지 않고 불신의 태도를 보이면 오히려 환자가 최선의 진료를 받기 어렵습니다. 치과를 정하고 치료 방법에 동의하고 맡겼다면 믿고 따라주는 것이 치아를 만족스럽게 개선시키는 방법입니다.

| 임플란트 전에 알았다면 좋았을 것들

임플란트 시술을 하면서 누구나 싸고, 빠르고, 안 아프게 하고 싶어 하는 구나라고 느낍니다. 시간과 비용을 아껴야 한다고요? 그런데 조금 더 생각해 보면, 세상에 누가 시간과 비용을 더 들이고 싶어 할까요? 목적지를 빨리 가려고 너무 서두르다 보면 예상치 못한 일들이 일어나 오히려 더 늦게 도착하는 경우 있으실 겁니다.

보다 건강하고 튼튼한 임플란트를 갖고 싶으신가요?

그렇다면 치과의사에게 "서두를 필요는 없으니까 여유를 갖고 튼튼하게 해주세요."라고 말해보세요. 신중한 환자를 보면 의사도 더욱 신중하기 마련입니다.

물론 발치 후에 바로 시술을 하는 경우가 있습니다. 티가 많이 나는 앞니가 대표적입니다. 외관상 금세 드러나 상당히 신경이 쓰이는 부분이니까요. 이렇게 시급한 상황이 아니라면 발치 즉시 임플란트는 피하는 것이 좋습니다.

아프고 번거로운 것이 싫어서 치료를 빨리 끝내려다 보면 이른바 '원데이 임플란트'를 찾게 되기도 합니다. 그러나 일사천리로 진행하는 치료법들은 부작용의 사례가 계속해서 나오고 있습니다. 즉시 식립이 가능하더라도 더 만족스러운 결과를 얻고 싶다면 발치 후 한 달 정도 기다리는 것이 훨씬 예후가 좋다는 것은 분명한 사실입니다.

임플란트 시술은 잇몸의 상태가 매우 중요합니다. 만약 잇몸질환이 있다면 먼저 치료를 하는 것이 뒤탈을 줄일 수 있습니다. 피가 나고 흔들린다고 뽑아내고 임플란트를 심는 것은 이후에 또 다시 흔들리게 하는 원인이 됩니다.

그래서 임플란트 전에 주위의 잇몸이 단단한지, 청소가 잘 될 수 있을지를 치과에서 먼저 체크하는 것이 좋습니다. 잇몸이 너무 약한 상태라면 잇몸 이식을 통해 충분한 양의 뼈로 감싸줌으로써 좀 더 편안하게 관리 할 수 있습니다. 대부분 입천장의 조직을 이식하게 되는데, 이렇게 단단한 잇몸을 만들면 음식을 먹거나 칫솔질을 할 때 불편함을 줄일 수 있습니다.

주변 치아와 임플란트가 어울리지 못해 미관상 떨어질 수 있다면 뼈이식으로 조화를 이루도록 보완하기도 합니다. 특히 앞니 같은 경우 뼈가 부족해서 푹푹 꺼진다면 인공뼈로 볼륨감을 만들면 주변치아와 잘 어울릴 수 있습니다.

임플란트의 치명적인 방해꾼!

임플란트는 원래 음식물이 잘 끼일 수 있는 구조입니다.

만들 때 식립 위치에 잘 맞아들어 가도록 작고 둥근 모양으로 제작합니다. 그러면 임플란트와 잇몸 사이에는 공간이 생기게 됩니다. 그렇게 잇몸과 치아가 붙어있지 않아 음식물과 균이 들어갈 수 있죠. 또한 자연치아가 가진 유연성이 없기 때문에 씹을 때 미세한 움직임의 차이로 인해 음식물이 끼어 들어가기도 합니다.

그럼 어떻게 해야 할까요?

조금 불편하더라도 치실과 치간칫솔로 잘 제거해 주는 것입니다.

아차! 하고 깨지면 그때서야 후회하며 깨닫는 것이 있습니다. 바로 임플란트는 감각이 없다는 사실입니다. 단순하게 말하면 임플란트는 뼈에 나사못이 박혀 있는 구조이기 때문에 돌을 씹어도 느끼지 못합니다. 순간적으로 큰 힘이 가해지면 피하지 못하고 깨지기도 하죠. 그래서 너무 강하거나 질긴 음식을 친구 삼지 말아주세요. 임플란트에게는 상당히 위험한 존재이니까요.

임플란트는 위와 아래 부분이 기차의 양쪽 칸이 연결되듯 맞물려 있습니다. 만약 기차의 연결부분이 엉성하다면 어떻게 될까요? 상당히 심각한 일이 벌어지겠죠. 임플란트도 마찬가지입니다. 연결된 부분이 하나라도 변형되거나 망가지면, 둘의 연결이 끊어지고 임플란트는 흔들리게 됩니다. 가장 많이 발생하는 문제 중에 하나가 나사부분이 풀리거나 부러지는 것입니다. 이런 경우 조이거나 교체하면 간단히 해결되지만 통증이 없기 때문에 그대로 방치하고 지내시는 분들이 많습니다.

| 그림 2 | 임플란트의 나사가 안에서 부서진 모습

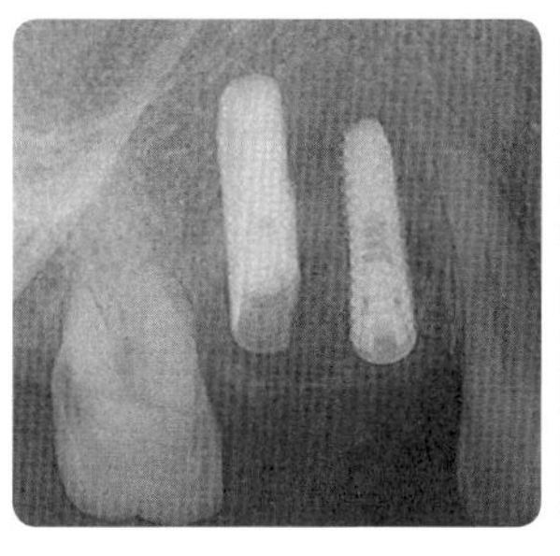
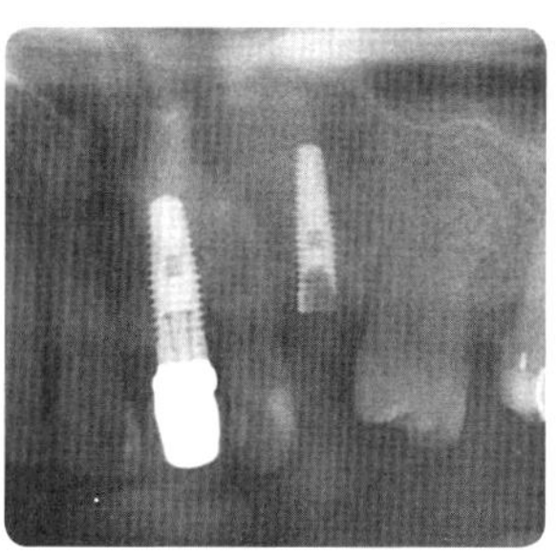

임플란트의 나사가 풀리거나 망가지면 음식물과 균이 들어가 염증을 일으키기도 한다.

40대 후반의 주부 한 분이 소개를 통해 병원을 찾았습니다.

오래 전 다니던 치과에서 임플란트를 하고 이상 없이 사용했는데, 갑자기 병원에서 안쪽을 다 치료해야 한다고 해서 상당히 당황해하셨습니다.

"임플란트를 하고 5년 정도 지났는데, 아무 이상이 없이 사용했거든요. 그런데 갑자기 잇몸뼈까지 모두 상했다고 하니까 너무 놀라서 뭐가 잘못된 건지 걱정되기만 하더라고요"

임플란트의 나사는 확실히 고정돼 있어야 합니다. 조금이라도 풀리거나 변형되면 작은 틈이 생기는데, 음식물은 이 틈새를 아주 잘 파고듭니다. 부패해서 염증을 일으키고 잇몸 뼈까지 상하게 만듭니다. 별 이상이 없다고 해서 계속 방치해두면 점점 상황은 악화될 수 있는 것이죠. 결국 환자분께는 발치 후에 잇몸이식을 하고 다시 임플란트를 식립해 드렸습니다.

보다 안 좋은 경우는 임플란트에 과도한 힘이 오랫동안 가해져서 뿌리 주위의 뼈가 손상 되는 것입니다. 보통 치아가 빠진 자리의 뼈는 튼튼하지 못합니다. 임플란트를 잘 심어도 염증에 취약한 구조를 갖고 있을 수밖에 없기 때문에 주위 뼈가 점점 내려가기도 합니다. 그래서 임플란트 주위에 염증이나 뼈의 손상은 없는지 정기적으로 관찰하는 것이 무척 중요합니다.

결론적으로 임플란트는 상실된 치아를 대체하는 기능으로는 압도적인 장점을 가졌습니다. 인정하지 않을 수 없는 부분이죠. 그러나 치아를 완벽하게 대체할 수 있는 수준은 아닙니다. 어쩔 수 없이 뽑아야 하는 자리에 임플란트로 채워준다는 관점으로 접근하는 것이 현명합니다. 무엇이든 원조를 따라가지 못하지 않습니까? 최고의 가창력을 가진 가수라도 원곡에 따라오지 못하는 것에 비유한다면 어울릴지 모르겠습니다.

임플란트 후에는 치과에서 오라고 얘기 해주지 않더라도 정기적으로 찾아가야 합니다.

손이나 발을 다치면 눈에 보여서 치료가 시급하다는 것을 알게 됩니다. 그러나 임플란트는 보이지 않고 감각도 없기 때문에 내가 지금 아프다고 표현할 재주가 없답니다. 그리고 알게 된 순간에는 이미 되돌리기 힘든 경우가 많습니다. 그러니 자나 깨나 까지는 아니더라도 자주 안부를 물을 필요가 있습니다.

"임플란트, 넌 지금 안녕한 거야?" 라고요.

❷

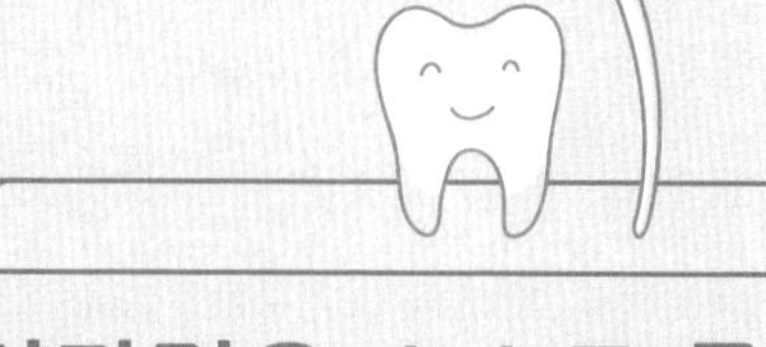

턱관절은 스스로 좋아질 수 있다!

| 턱에서 딱딱 소리가 난다면?

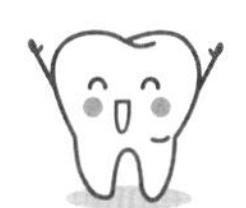

우리나라 인구의 절반 이상이 턱관절 이상 증세를 가지고 있다는 사실 알고 계신가요? 다소 충격적이기까지 합니다.

"아 해보세요" 라고 하면

"선생님. 저는 턱관절에서 소리가 나요."

"입을 벌리면 어긋나면서 벌리고 닫혀요."

진료실에서 자주 듣게 되는 턱관절에 대한 호소입니다.

다른 치료를 위해 내원하는 분들 중에도 턱관절의 불편함을 많이 이야기합니다. 그래서 일부 병원에서는 그런 증상을 이유로 즉각적인 치료를 권하는 경우도 많습니다. 실제로 어느 유명한 병원에서 위와 아래턱 교합이 맞지 않아 턱뼈가 틀어지고 척추까지 이상이 생길 수 있다는 말을 듣고 교정과 보철, 수술 치료까지 수 천 만원의 비용을 쓰는 분까지 보았습니다.

그러나 그런 분들 중에서도 턱관절 치료가 필요한 사람은 극히 드뭅니다.

턱관절을 공격적으로 치료하는 것은 오히려 부작용을 높이고 만만치 않은 치료비를 낭비하는 결과를 가져올 수 있습니다.

최근 턱관절 연구자들의 주된 의견은 "턱관절은 수술하지 않아도 스스로 시간이 지나면서 좋아질 수 있으며, 복구도 가능하다"는 것 입니다. 아프거나 입이 안 벌어지는 경우를 제외하면 치료하지 않는 것이 최선의 방법이라는 것입니다. 좋은 습관을 가지고 꾸준한 관리를 해나간다면 대부분 외적인 치료 없이 호전될 수 있습니다.

치료가 필요한 경우는 기능적인 이상이 동반되었을 때 입니다. 입을 크게 벌려 자신의 손가락 3개 정도가 들어가지 않는다면 전문의와 상의 후에 보존적 치료를 먼저 받는 것이 좋습니다.

턱관절에 안 좋은 영향을 주는 습관으로 꼽히는 것이 이악물기와 이갈이입니다.

"선생님 턱관절이 너무 아파요. 통증이 귀에서 머리까지 이어지고, 씹을 때마다 찌릿찌릿해서 밥도 잘 못 먹어요."

피트니스센터에서 일하는 20대의 여성분은 턱관절이 너무 아프다며 일상적인 식사조차 하기 어렵다고 호소했습니다. 진찰을 해보니 입 안쪽 볼 부위에서 평소 이를 꽉 무는 사람에게 나타나는 자국이 보였습니다. 저는 치료가 아니라 당분간 부드러운 음식만 먹을 것과 평소 위아래 치아를 떨어뜨려 놓는 습관을 유지할 것을 당부 했습니다.

2주 후 다시 만난 환자분은 상당히 호전된 상태였습니다. 제가 특별한 치료를 한 것이 아니라 간단한 자가 치료만으로 효과를 톡톡히 본 경우라서 더 큰 보람을 느꼈습니다.

턱관절은 스트레스, 과도한 긴장, 신경과민 등의 심리적 요인도 영향을 주기도 합니다.

30대 남성 한 분은 최근 시작한 사업으로 상당한 스트레스를 받고 있었습니다. 불확실한 사업의 상황 때문에 매일 상당한 압박감에 시달리며 자신이 강하게 이악물고 있다는 것을 자주 느꼈다고 합니다.

그리고 어느 날 아침 일어나보니 머리와 턱의 주위가 뻣뻣하고, 때때로 식사를 중단해야 하는 상태까지 이어졌다고 합니다. 이것은 턱관절증이 심리적인 원인과도 관련되어 있기 때문입니다.

우리는 직장과 학교에서 복잡하고 반복되는 스트레스에 노출되는 때가 참 많습니다. 긴장된 상태를 적절하게 해소해야 하는데, 이를 계속 참아야만 하는 상황이 지속되면 턱관절을 움직이는 근육들도 불필요한 힘이 들어가 증상의 원인이 되기도 합니다. 이렇게 나타난 증상들도 수술이 아니라 습관을 바꾸고 과도한 스트레스를 줄여주는 것이 효과적입니다.

치과에 오셔서 턱관절을 상담하시는 분들께 항상 말씀드리는 것이 있습니다.

턱관절 치료의 목적은 딸깍 거리는 소리를 없애는 것이 아니라 안 아프게 입이 벌어지고 닫히게 하는 것, 그리고 수술이 아닌 보존적인 치료법을 권해드린다는 점입니다.

| 턱관절은 수술이 아니라 보존 치료가 먼저

턱관절이 좋지 않다고 수술 치료를 하는 것은 득보다 실이 많습니다.

얼마 전 턱관절 수술 관련 세미나에 참석하는 기회가 있었는데, 일본의 권위 있는 연구자의 강연에서도 공통된 의견을 들을 수 있었습니다.

"저는 턱관절 전문의이지만 최근 10년 동안 턱관절 수술을 하지 않았습니다. 그리고 일본은 분명 턱관절에 대해서 적극적인 치료를 하지 않는 추세입니다."

보존적인 치료를 통해서 대부분 자연 치유할 수 있으므로 수술은 거의 필요 없다는 것이 주된 의견이었습니다.

보존적인 치료에는 먼저 습관 변화가 있습니다. 사람의 턱근육은 무척 강해서 힘을 주면 치아는 100kg 이상의 무게를 받게 됩니다.

평소에 의식적으로 치아 사이를 벌려놓거나 이를 악무는 힘이 느껴질 때 혀를 치아사이에 넣어 막는 것도 방법입니다.

이갈이의 경우 스스로 고치는 것이 쉽지 않습니다. 잠자는 동안 무의식적으로 이루어지기 때문입니다. 이럴 때는 턱관절을 보호하는 나이트가드라는 장치를 끼우고 자는 방법이 있습니다. 말랑말랑한 재질로 치아 모양에 맞게 제작되는데, 쿠션작용을 합니다. 처음에는 좀 불편하지만 시간이 지나면 대부분 적응을 하십니다.

심한 경우 보톡스를 턱 주변부에 주사하기도 하는데, 근육의 힘을 약하게 해서 꽉 물거나 이갈이 할 때 치아가 충격 받지 않도록 하는 방법입니다.

이러한 습관적인 치료가 잘 안된다면 턱관절 세척술을 고려해 볼 수 있습니다. 턱관절에 이물질이 쌓이면 통증을 일으키고 붓게 만들어 입이 잘 안 벌어지는 원인이 됩니다. 주사로 세정액을 주입해서 이물질을 씻어내면 잘못된 턱의 물렁뼈가 제 위치로 돌아가게 해주는데 도움을 줍니다. 비용과 시간의 부담이 적고 간단한 시술만으로도 상당히 효과를 보는 경우가 많아 최근 많이 찾고 있는 치료 중에 하나입니다.

턱관절 자가치료법

1. 턱 근육의 사용을 줄입니다.

관절이나 근육에 통증이 있는 경우는 그 부위를 사용하지 않는 것이 좋습니다. 발목이 삐었을 때 사용 줄이고 안정을 취하면 점차 회복 되었던 경험, 다들 있으실 겁니다. 턱관절 역시 마찬가지입니다. 턱관절에 이상이 나타난다면 사용을 최소한으로 줄이고, 상태를 악화시킬 수 있는 무리한 움직임은 피하는 것입니다. 턱관절을 습관적으로 마찰시키는 버릇을 가진 분들이 있는데 그로인해 인대가 늘어나거나 디스크가 빠지기도 합니다.

또한 질긴 육류나 마른오징어, 껌, 두꺼운 빵 등의 음식을 즐겨 먹는 것은 턱관절에 상당한 무리를 줍니다. 가능하면 부드러운 음식을 먹어서 뼈와 근육에 무리가 가지 않도록 합니다. 이렇게 함으로써 턱관절과 근육이 안정을 찾고, 자연회복이 빨라지게 할 수 있습니다.

2. 아래 위 치아가 맞닿지 않도록 떨어뜨려 줍니다.

치아는 평소에도 위아래가 떨어져 있는 것이 원칙입니다. 위 아래 치아가 맞닿을 필요가 있는 순간은 음식을 씹거나 침을 삼킬 때 밖에 없습니다. 그 이외에는 떨어져 있는 것이 좋습니다. 평소 치아끼리 맞닿아있는 시간이 많다면 의도적으로 떨어뜨려 놔야 합니다. 이것은 턱관절뿐만 아니라 치아와 근육의 부담을 줄여주고, 긴장성 두통이 있는 환자들에게도 권장되는 좋은 습관입니다.

3. 하품을 크게 하는 습관을 없앱니다.

입을 크게 벌려 하품을 하는 것은 매우 좋지 않습니다. 개운한 느낌이 든다고 입을 크게 벌려 하품을 하면 턱관절 주위의 근육과 인대가 상당히 늘어나기 때문에 손상을 받을 수 있습니다. 하품이 나오면 손바닥을 턱 아래에 대고 손으로 받쳐서 지나치게 입이 벌어지는 것을 막아주는 것이 좋습니다. 특히 턱이 자주 빠지는 습관성탈구를 가진 분들에게 매우 유용한 방법입니다.

| 그림 3 | **턱근육 마사지**

반신욕과 함께 턱근육 찜질을 해주면 혈액순환에 도움을 준다

4. 턱관절 주변 근육을 마사지 합니다.

찜질팩이나 따듯한 타월을 사용해서 귀 바로 옆쪽의 턱관절 부위를 마사지 해줍니다.

특히 반신욕과 함께 턱에 온찜질을 해주면 혈액순환을 도와 좋지 않은 이물질을 씻어내는 작용을 합니다.

턱관절이 좋지 않으면 편두통이 찾아오기도 합니다. 머리골격과 턱관절이 연결 돼있기 때문입니다. 따라서 양쪽 옆머리 부분인 측두근에 마사지와 찜질을 해주면 두통을 줄여주는 효과가 있습니다.

5. 좋지 않은 자세로 잠을 자는 것을 피합니다.

가능하다면 똑바로 일자로 자는 것이 가장 좋은 수면 자세입니다.

옆으로만 자는 것도 턱이 눌리기 때문에 좋은 자세는 아닙니다.

특히 엎드린 채로 턱을 돌려서 자는 습관은 턱 전체에 무리를 주기 때문에 피하는 것이 좋습니다. 잠이 든 자세를 어떻게 바꿀 수 있느냐고 묻기도 하는데 의식적으로 꾸준히 노력하다보면 바뀔 수 있는 부분입니다.

| 턱관절 치료, 어디로 가야할까요?

턱관절의 치료가 필요하다고 판단될 때는 원인을 찾아 해결해주는 것이 가장 중요합니다.

턱관절증의 주요 원인인 턱 뼈와 근육에 대해 잘 이해하고 적용시킬 수 있어야 합니다. 이런 일을 잘 할 수 있는 곳은 어디일까요?

이와 관련해서 심도 있게 다루는 전문가들이 있습니다.

구강악안면외과라는 분야입니다. 치아와 연관된 치조골, 얼굴근육, 목 주변부 등을 진단하고 치료하는 영역입니다. 구강악안면외과에서는 턱관절부위를 직접 열고 수술을 하기도 합니다. 사실 치과의사들도 안면 신경까지 열고 들어가 직접 확인하고 시술을 해 볼 기회는 많지 않습니다. 이 부위를 오랫동안 직접 치료를 해 온 전문의와 그렇지 않은 의사는 이 부분에서 만큼은 출발점부터 다를 것입니다.

그래서 턱관절증은 먼저 치과에서 진료 받는 것이 맞다고 생각합니다. 그 중에서 구강악안면외과 또는 구강내과에서 전문적으로 교육받고 경험을 쌓아 오신 치과 선생님들께 치료받는 것이 가장 효과적일 것입니다.

3

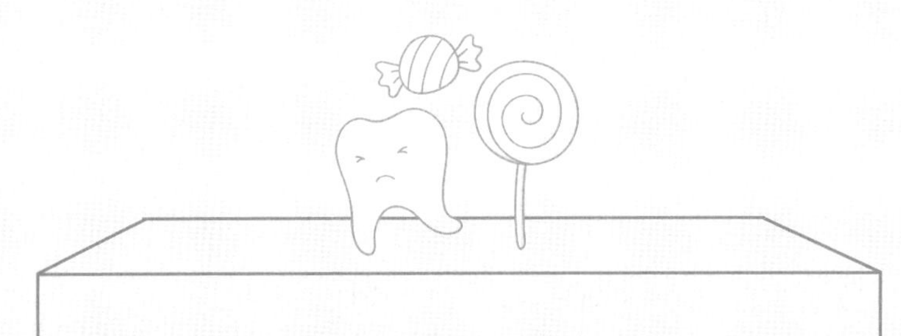

충치와 사랑니로 고민하지 말자

| 칫솔질만 열심히 해도 치과 갈 일이 줄어든다?

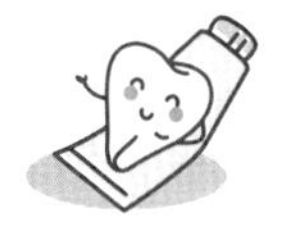

"밥 먹었으면 양치해야지."

식사 때마다 아이들에게 하는 잔소리, 주부님이라면 수도 없이 해보셨죠?

엄마가 되고나면 하루에도 몇 번씩 너는 왜 양치질을 자꾸 안 하냐며 나무라기도 합니다. 실은 어렸을 적 우리들도 부모님께 같은 소리를 수없이 들었는데 말이죠. 양치가 얼마나 중요한지 성인이 되어 아프고 불편한 치과치료를 받으며 자연스럽게 깨닫게 됩니다.

칫솔질! 왜 이렇게 잔소리가 필요한 걸까요? 치과 의사인 저도 환자들에게 매일 하게 됩니다. 이유는 치아관리의 시작과 끝이 결국 칫솔질이기 때문입니다.

칫솔질의 가장 중요한 기능은 입 속 남은 음식물을 제거하는 것입니다. 음식물이 치아사이에 남아 있으면 부패가 일어납니다. 무엇을 먹었다면 그때마다 이를 닦는 것이 좋지만 촉박한 시간에 쫓기다보면 매번 그럴 수는 없잖아요? 그런 경우 물로 헹궈 내는 일을 습관화 해보세요. 또 치실을 소지해서 남아있는 음식물을 자주 제거해 주면 치아건강에 도움을 줄 수 있답니다.

하루 종일 먹지 않으면 닦지 않아도 된다?

정답은 역시 X입니다. 특히 아침에 일어나서 공복이니 괜찮겠지 하는 마음에 구강청결제나 구취제만 사용하고 나가기도 합니다. 그러나 칫솔질은 음식물뿐만 아니라 입속에 세균 덩어리도 제거합니다. 음식을 먹었건 안 먹었건 치태와 플라그는 계속 쌓일 뿐만 아니라 자고 일어나면 입안에 호기성 세균들로 가득하게 됩니다. 그런데도 그냥 나가실 건가요? 먹은 것이 없더라도 칫솔질은 해주는 것이 좋습니다.

치약이 없다면? 여행에서 칫솔은 있는데 치약이 없어서 어쩌나 했던 경험, 종종 있으셨을 겁니다. 저는 이런 경우가 생기면 물과 칫솔로만 양치를 합니다. 알고 계시나요? 일반적으로 치약은 시원하다는 느낌을 줄 뿐 입 안을 더 청결하게 하는 역할은 거의 하지 못합니다. 치약이 가장 중요할 줄 알았는데, 생각과는 다르죠? 그래서 여행 중이더라도 가글이나 자일리톨로 대체하는 것보다는 차라리 칫솔과 물로만 양치하는 것이 훨씬 더 효과적입니다.

그렇다면 구강청결제는?

역시 보조적 역할을 할 뿐 입 속 음식물을 제거하지 못합니다. 자주 사용하면 오히려 좋지 않다는 연구결과도 있습니다. 구강청결제에 포함된 알코올 성분은 구강 내 미생물을 감소시키는 작용을 합니다. 입 안에는 나쁜 균과 좋은 균이 함께 살고 있습니다. 그런데 구강청결제가 좋은 균까지 없애서, 오히려 안 좋은 균들이 번식하기 쉬운 환경을 만들 수 있습니다. 그래서 습관적으로 사용하시는 분들은 하루에 2번 정도가 좋습니다.

| 칫솔, 치약, 전동칫솔 효과적으로 선택하자!

칫솔

칫솔은 부드러운 모를 쓰는 것이 좋습니다! 잇몸이 얇은 사람이 두껍고 거친 칫솔을 장기간 사용하면 잇몸퇴축을 일으키기도 합니다. 부드러운 모를 써도 효율적으로 사용하면 세척효과가 떨어지지 않는다는 실험결과도 있습니다.

시중에 판매되는 칫솔들 참으로 다양하죠? 무엇을 택할까요?

칫솔대는 잡기에 두툼하고 모는 끝이 둥글고 부드러운 것이 좋습니다. 요즘에는 셀 수 없을 정도로 기능성 칫솔과 전동 칫솔이 많은데 일반인들에게는 큰 의미가 없습니다.

또 칫솔질은 적게 하는 것보다 오래하는 것이 오히려 낫습니다. 자기 전에 한 번을 하더라도 구석구석 꼼꼼하게, 특히 치아와 잇몸 경계부위를 잘 닦는 게 중요합니다.

칫솔은 닳으면 교체해야 한다는 건 누구나 알고 있지만 습관적으로 쓰던 것을 계속 사용하곤 합니다. 3개월에는 한번은 과감히 버리고 새것으로 교체해 주는 것이 좋습니다.

치약

얼마 전 높은 판매율을 보이는 치약들에 보존제 성분이 발견돼서 논란이 됐던 적이 있었습니다. 그 이후 치약도 이제 무심코 고를 수는 없다는 인식이 늘면서 기능성이나 천연성분의 치약들을 많이 찾으시더군요.

말씀드린 것처럼 치약의 사용여부는 치아건강과 크게 상관이 없습니다. 치약을 사용하지 않는다고 해서 충치의 원인을 제공하지도 않습니다.

그리고 기능성 치약의 효과도 미미합니다. 미백치약이나 죽염치약 등도 크게 차이는 없죠. 일정량의 불소만 들어가 있다면 충분합니다.

대신 저자극 치약을 권합니다. 왜냐고요? 일반 치약은 청량감을 위해 합성계면활성세제를 첨가합니다. 이게 입마름을 더 심하게 하죠. 입안이 건조해 지면 세균과 입 냄새가 증가하기 때문입니다.

"선생님. 저는 비싼 잇몸 치약을 계속 쓰고 있는데 왜 좋아지지 않는 거죠?"

자주 받는 질문입니다. 잇몸치약도 치석을 제거하는 기능은 전혀 없습니다.

치석은 치아사이에 단단하게 돌처럼 굳어서 달라붙게 되는데 어떤 치약으로도 벗겨낼 수 없습니다.

다만 시린이 전용치약의 경우 사용하면 어느 정도 도움을 받을 수는 있습니다. 염산칼륨이나 질산칼륨의 성분들이 치아면의 보호막을 만들어 시린 증상을 완화해 줄 수 있기 때문입니다.

전동칫솔

전동칫솔은 원래 몸이 불편한 분들을 위해 제작되었습니다. 치아 청소를 위한 기능적인 면에서는 오히려 일반 칫솔보다 효율이 떨어집니다. 그러나 초음파 전기칫솔이라면 도움이 될 수도 있습니다. 예로 P사의 전동칫솔은 진동이 아니라 초음파형태로 세척을 하기 때문에 효율이 높다고 알려져 있습니다.

편의상 전동칫솔을 사용한다면 진동이 아니라 초음파로 작동되는 제품이 좀 더 꼼꼼한 칫솔질을 하는데 도움을 줄 수 있습니다.

치실

바쁜 현대인들이 치실을 사용할 시간이 있나요?

그래도 방법이 있습니다.

치아가 벌어지거나 고르지 못해 음식물이 자주 끼는 곳을 주로 해주면 된답니다.

위아래 골고루 하기 어렵나요?

치실손잡이에 끼워서 좀 더 편하게 사용할 수 있습니다.

치실 사용이 익숙하지 않다고요?

거울을 보고 연습해 보세요. 어렵지 않습니다.

내 칫솔도 관리가 필요해

오래 사용한 칫솔이 변기보다 더럽다는 얘기 들어보셨을 겁니다. 일리가 있는 말입니다.

우리가 칫솔을 두고 사용하는 화장실은 항상 습기로 차있고 온도가 높기 때문에 세균이 증식하기 엄청나게 좋은 환경입니다. 칫솔에 세균이 가득하다면 칫솔질을 열심히 하더라도 세균이 옮겨가 치아 건강에 큰 도움이 되지 못합니다.

그래서 가능하면 통풍과 건조가 잘 되는 곳에 보관하고, 한 칫솔통에 뭉쳐 두지 않게 해서 칫솔모가 서로 떨어져 있게 하는 것이 좋습니다. 칫솔 케이스나 뚜껑을 쓰면 충분하다고 생각하기도 하는데, 다른 칫솔과 닿지 않게 하는 것 이외에는 청결 효과는 없습니다. 세균이 가득한 칫솔을 매일 입에 넣고 싶지 않다면 정기적으로 살균을 해주는 것이 중요합니다.

칫솔 건조기를 구비하면 좋겠지만, 아니라도 일주일에 한번 끓는 물에 삶거나 전자레인지에 1분 정도 돌려주면 대부분의 세균을 제거할 수 있습니다.

제가 생각하는 가장 좋은 방법은 자연햇빛에 일주일에 한 번씩 말려주는 것입니다.

또 사용 중인 칫솔은 보통 3개월, 늦어도 6개월에 한 번은 교체를 해준다면 위생에 대한 걱정은 대부분 줄일 수 있습니다.

입냄새, 범인을 잡아라!

입냄새, 범인은 과연 누구일까요?

그 주범은 바로 혀입니다. 입냄새 원인의 70%는 혀에 남은 음식물입니다.

혀는 평평한 것처럼 보이지만 미세하게 보면 오돌토돌하게 생겨서 틈 사이로 음식물 잔사가 남게 됩니다.

식후 칫솔질을 꾸준히 해도 냄새가 남아있다면 혀 청소를 말끔히 해보세요.

칫솔로 혀를 박박 문지르지 말고 입 안쪽에서 밖으로 가볍게 쓸어주듯이 청소해주는 것이 좋습니다. 혀 클리너를 사용하면 전체적으로 좀 더 꼼꼼히 닦아낼 수 있죠.

치아 사이에도 음식물이 껴서 부패하면 냄새가 나는데, 그럴 때 치실과 치간 칫솔로 청소해주면 구강내 원인은 대부분 제거됩니다.

그래도 입냄새가 도망가지 않는다고요?

충치나 치석 때문에 치아사이에 세균이 쌓여서 생길 수 있는데, 그런 경우는 스케일링을 받으면 도움이 될 수 있습니다. 입마름도 세균이 번식하기 쉬운 상태라서 입 안이 건조하다면 자주 물을 마시고, 입으로 숨을 쉬는 습관을 줄여 주면 좋습니다.

그 외에 나머지 원인은 주로 소화기관에 있습니다.

식도 게실에 음식물이 고여 있을 때, 역류성 식도염이 있는 경우, 위염, 대장염 등 염증 장 질환이 있다면 입냄새가 날 수 있습니다. 따라서 칫솔질과 혀클리닝을 열심히 했는데도 다른 증상들과 함께 입냄새가 남아있다면 전신적인 이상이 없는지 체크해보는 것이 좋습니다.

| 통증이 없는 충치, 치료해야 할까요?

충치라고 치과에서 진단했다고 해서 모두 치료가 필요한 건 아닙니다.

치아가 충치로 일부분 까맣게 변했지만 치아 스스로 방어 작용에 성공해서 진행이 멈춰있는 상태가 있습니다. 정지석 우식이라 합니다. 화산에도 활화산과 휴화산이 있는데, 휴화산에는 화산폭발이 일어나지 않는 것과 유사합니다. 그래서 정지성 우식의 경우 양치 등 관리만 잘하면 치료가 필요하지는 않습니다.

하지만 진행성 우식은 활화산처럼 현재진행형이라 작은 충치라도 치료가 필요합니다. 그래서 무작정 충치의 크기로 판단하기 보다는 정지성인지, 진행성인지에 따라 치료여부를 선택해야 합니다. 치과에서 단단한지 푹푹 들어가는지 탐침으로 만져보면 알 수 있기 때문에 쉽게 확인할 수 있습니다.

통증이 있을 때 치과에 가신다고요? 절대 권고하지 않는 방법입니다.

정지성이든 진행성이든 충치가 있다고 직접적인 통증이 바로 나타나지 않기 때문입니다. 충치는 치아 깊이 파고들어 상아질을 침범하고 신경까지 가까이 갔을 때부터 아프기 시작합니다. 통증이 느껴지기 시작한다면 이미 치수염까지 진행됐을 가능성이 높습니다.

치과에서는 진행성 충치만 치료하는 곳이 있고, 정지성까지 치료를 하는 곳도 있어서 병원마다 치료가 필요한 충치 개수가 다르다고 생각될 수 있습니다. 환자 스스로 판단하기는 어렵기 때문에 충치가 있다면 치과의사에게 가장 시급한 것을 물어보고 우선적으로 해결하는 것이 효과적일 것 입니다.

| 찌릿하면 위험해!

어느 날 찬물을 마셨는데 전에 없던 찌릿한 통증을 느꼈던 경험 대부분 있으실 겁니다. 이가 시리다는 것이 이런 느낌이구나 생각이 들면서 계속되진 않을까 걱정이 됩니다. 시린이는 주로 중년 이후에 증상을 호소하는 경우가 많았는데, 최근에는 젊은 분들도 이 때문에 병원을 많이 찾습니다.

시린이의 원인은 무엇일까요?

충치, 잇몸상태, 칫솔질 방법, 나이에 따른 노화 등이 복합적으로 작용합니다.

특히 잇몸의 뿌리가 노출이 되면 치아의 신경이 보호받지 못하고 민감해져서 시린 증상이 생기게 됩니다. 잇몸이 무르고 치아에 밀착되지 못해 펄럭거리는 증상으로 바람이 들어가거나 찬 음식을 먹을 때 찌릿한 통증을 느낄 수 있습니다.

칫솔질도 중요한 원인이 되기도 합니다.

장사 때문에 매일 새벽부터 바쁘게 지낸다는 50대의 남성분은 치아가 시리고 욱신거리는 증상이 심해졌습니다. 진찰을 해보니 잇몸이 상당히 패어있는 상태였는데, 양옆으로 하는 양치

| 그림 4 | **치아 마모증을 예방하는 회전법**

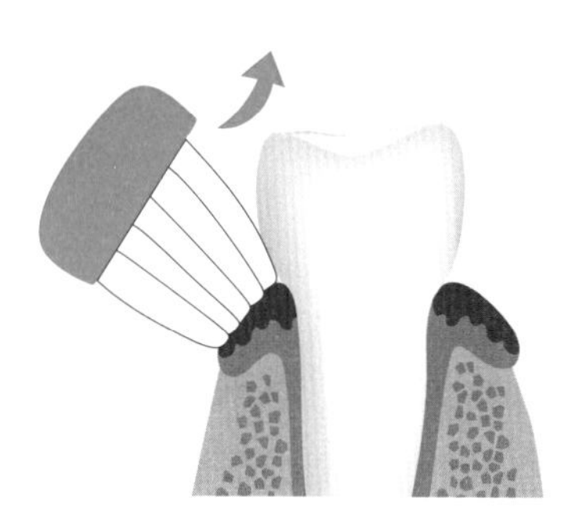

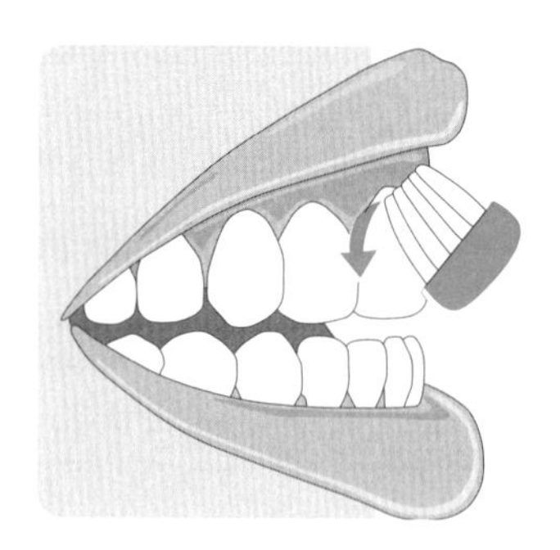

치아와 잇몸 경계부터 위아래로 쓸어내리듯 닦아준다.

습관을 오랫동안 해왔다고 합니다. 바쁘다고 강하고 빠르게 좌우로 칫솔질을 하면서 심한 마모증이 생긴 것입니다. 그동안 치아는 음식물 제거가 잘 안되고 표면은 상처가 나면서 시린 증상으로 이어지게 됐죠.

치아의 결대로 위에서 아래로 쓸어내리듯이 닦는 회전법을 사용하면 마모증을 막는 좋은 칫솔법이 됩니다.

또 다른 원인은 씹는 습관입니다. 치아 표면은 딱딱한 음식을 씹을 때 미세하게 조금씩 떨어져 나갑니다. 그것이 오랫동안 반복되면 상아질이 점차 노출이 되면서 시린 증상이 나타날 수 있죠. 그래서 나이가 들수록 시린 증상이 생기는 건 어떤 면에서 자연스러운 과정이라고 할 수 있는 것 같습니다.

그리고 여기 다시 언급해야할 습관이 있습니다. 꼭 고쳐야 할 듯 하죠?

바로 이악물기와 이갈이 습관입니다.

치아에 이처럼 큰 힘이 계속해서 가해지면 가장 바깥층인 법랑질이 벗겨지게 됩니다. 그러면 치아는 민감한 부분이 노출되는데 그곳에 시린 증상을 가져옵니다.

그렇다면 시린 증상을 갖지 않도록 예방하는 방법은 무엇일까요? 의외로 간단합니다.

먼저 부드러운 칫솔을 써야 합니다. 잇몸이 약할수록 부드러운 칫솔모는 상처를 내지 않는데 도움을 줍니다.

치약은 말씀드린 것처럼 대부분 효과가 미미하지만, 시린이 전용치약의 경우 치아 표면을 보호하는 기능을 가지고 있습니다. 예를 들어 시중에 나와 있는 시린메드나 센소다인 같은 치약들은 불소함량이 높아 시린이 증상을 완화시키는 역할을 제법 해냅니다.

치과에서 시린이를 치료하는 방법은 먼저 잇몸염증의 원인인 치석을 제거하는 스케일링 치료가 있습니다. 그리고 시린 치아에 고농도의 불소를 직접 도포하는 방법과 감각을 무디게 만드는 지각과민처치도 있습니다.

무슨 말이냐고요? 피부에 상처가 나면 살짝 닿기만 해도 통증이 느껴지는 것을 다들 경험해 보셨을 겁니다. 마찬가지로 치아도 민감해진 곳이 자극되면 상처를 건드리는 것처럼 찌릿한 통증을 느끼는데 이곳의 감각을 줄여주는 방법입니다.

마지막으로 시린이 증상이 심해지면 음식을 먹는 것조차 무서울 정도라고 하니 정기적인 점검 잊지 마세요!

| 사랑니는 사랑하기 어려운 존재

말썽이 이렇게나 많은데 왜 사랑스러운 이름을 붙여놨는지. 좀체 사랑하기 어려운 녀석인데 말이죠. 누구냐고요? 바로 사랑니입니다.

치아 중에 이처럼 소문이 많은 치아도 없을 것입니다.

'사랑니를 발치하면 치열이 틀어진다.', '턱 모양이 변한다.', '잇몸 안에 묻혀 있으면 뽑지 않아도 된다.' 등 어마어마한 스캔들 원조 치아가 바로 사랑니죠.

사랑니를 방치해서 주변의 치아까지 영향을 줘 망가지게 하는 경우가 아주 많습니다. 가장 흔한 사례가 사랑니 주위염입니다. 사랑니가 아프다며 내원하는 환자분의 대부분이 여기에 해당합니다.

"선생님. 입이 안 벌어지고 아파요. 갑자기 왜 그런지 모르겠어요."

대학을 졸업하고 이제 막 취업에 성공해서 일을 시작 했다는 20대의 여성분은 무슨 이유인지도 모르고 입을 벌리기도 힘든 상태를 몇 달 동안 버티다가 치과를 찾게 되었습니다. 입안을 들여다보니 사랑니 주변에 염증이 심하게 부어있었고 고름이 나오기도 했습니다.

세균들은 음식물이 남아있는 장소를 매우 좋아합니다. 특히 사랑니와 잇몸사이는 칫솔질로 청소가 어렵기 때문에 세균들에겐 그야말로 영양분을 얻는 안식처가 됩니다. 여기서 세균들이 무럭무럭 증식하고, 사람의 컨디션이나 체력이 떨어지게 되면 독소를 신나게 내뿜어서 염증을 일으킵니다. 컨디션과 체력이 회복되면 독소를 청소할 수 있는 능력이 생기기 때문에 한동안은 이겨낼 수 있습니다. 사랑니 주위가 아프고 그렇지 않고를 반복하는 것은 이런 이유입니다. 그러나 염증이 이렇게 반복되면 사랑니 주위를 감싸고 있는 치조골이 점점 녹게 됩니다.

둘째로 주변 치아가 사랑니로 인해서 충치가 생기고, 심한 경우에는 발치를 해야 하는 상황입니다.

30대 초반의 직장인 L씨. 누워있는 사랑니를 10년 동안 그대로 방치한 채 지내왔습니다.

“왜 이제 찾아왔어요? 사랑니 통증을 느꼈다면서”

"군복무 중이라서 제대 후까지 참고 지냈는데, 막상 제대하니 통증이 별로 느껴지지 않아서 그냥 잊고 지내게 된 것 같아요."

칫솔질을 열심히 해왔지만 누운 사랑니 사이에는 닿지 않아 옆에 있던 어금니의 절반 이상이 이미 썩어버린 상태였습니다. 우선 사랑니를 뽑은 후에 충치부위를 대량 삭제하고 보철치료로 마무리 했습니다. 그러나 또 다시 통증을 느낀다면 자연치아까지 발치를 해야 하는 상태가 되고 말았습니다.

이처럼 사랑니가 아파서 병원에 내원했는데 주변 치아까지 충치가 생겨버린 경우는 참 안타까운 생각이 듭니다. 미리 뽑았더라면 염증이 발생할 일도 없을 것이고, 그로인해 망가진 치아를 발치해야할 필요도 없으니까요.

세 번째로 사랑니 주위에 물혹이 생기는 경우입니다.

이 물혹은 사랑니 위를 덮고 있는 작은 주머니가 계속 자극을 받아 물이 고여 생기게 됩니다. 문제는 대부분 통증 없이 진행되다 보니, 물혹의 크기는 커져만 가고 이로 인해 주변의 치조골이 사라지게 되는 것입니다. 어느 순간 통증이 발생하거나 볼

이 부어 병원을 찾으면, 크기가 너무 커져서 제거 수술과 함께 상실된 곳에 뼈이식이 필요한 시점일 수 있습니다. 이 경우에도 사랑니를 미리 발치했더라면 피할 수 있었을 것입니다.

마지막으로 사랑니가 앞쪽 치아를 밀어내서 치열부정을 일으키는 경우입니다. 매복된 사랑니로 인해서 주변 치아가 자연스럽게 나는 것을 방해하거나, 다른 치아를 밀어내어 치열이 틀어지는 상황이 벌어집니다.

사랑니에 대한 저의 생각은 가능하면 어린 나이에 뽑아주는 것이 좋다는 것입니다.

고3 초반에 미리 뽑아 두거나 대학입시가 마무리된 직후 뽑아주는 것이 가장 적기일 듯합니다.

발육이 어느 정도 끝나 사랑니가 대부분 자라있고, 치유도 빠른 시기이기 때문이죠.

치아가 나무이고 치조골이 땅이라고 한다면 어린 나무는 부드럽고 탄력 있는 상태라서 땅에서 뽑아내기가 수월합니다. 세월이 흘러 나무와 땅이 서로 단단하게 얽히고 굳으면, 뽑아내는 일이 쉽지는 않습니다. 사랑니도 마찬가지입니다. 30대 이후에는 환자나 의사에게 훨씬 더 힘든 작업이 될 수 있기에 그 이전에 뽑아주는 것이 좋습니다.

혹시 사랑니가 있지만 발치를 원하지 않으신가요? 그렇다면 일 년에 한두 번, 가까운 치과로 가셔서 파노라마 사진 촬영을 해주세요. 혹시나 사랑니 주위에 문제가 있다면 미리 발견할 수 있고, 옆에 있는 소중한 어금니도 체크해볼 수 있으니까요.

4

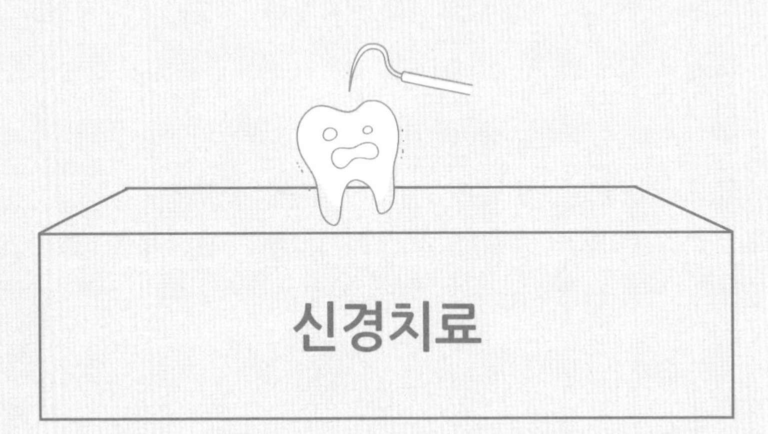

| 치아는 살아있는 생명체!

"신경을 죽이는 건가요? 잘라내는 건가요? 없애는 건가요?"

참 다양한 질문을 신경치료하면서 받게 됩니다.

그리고 어감 때문인지 환자분들이 무서워하기도 합니다.

그러나 치과에서 가장 많이 하는 치료 중 하나가 바로 신경치료입니다.

치아는 각각의 생명을 가지고 있습니다.

치아마다 영영 및 수분을 공급받는 혈관과 신경들을 가지고 있습니다.

이들의 통로역할을 하는 신경관에 감염이나 염증, 외상 등이 발생하면 점점 번져서 치아를 깊이 병들게 합니다.

신경치료는 이처럼 치아가 세균과 염증에 의해 많이 손상된 경우에 받는 것이라고 이해한다면 크게 벗어나지 않습니다.

암에 걸린 사람들은 어떤 치료를 받을까요? 여러 가지 방법이 있겠지만 수술을 통해서는 암 세포가 전이될 수 있는 통로인 임파선을 절제하게 됩니다.

신경치료도 이와 비슷합니다. 치아가 감염 되면 신경관을 따라서 퍼지게 되는데, 이로써 치조골까지 손상을 받게 되고, 결국 자연 치아를 뽑아야 하는 상황까지 갈 수 있기 때문에 그 전에 신경관을 깨끗하게 소독하고 밀봉해서 감염이 퍼지지 않게 하는 작업입니다.

그런데 실제 치료과정은 말처럼 간단하지는 않습니다.

대다수의 치과의사들도 신경치료가 결코 쉽다고 생각하지 않습니다. 예상치 못한 일들이 무척 많이 일어나기 때문입니다.

현재 신경치료의 성공률은 약 90%로 보고 있습니다. 10% 정도의 환자들은 많은 시간과 노력을 투자해도 실패를 경험하는 것입니다.

| 그림 5 | **신경치료 과정**

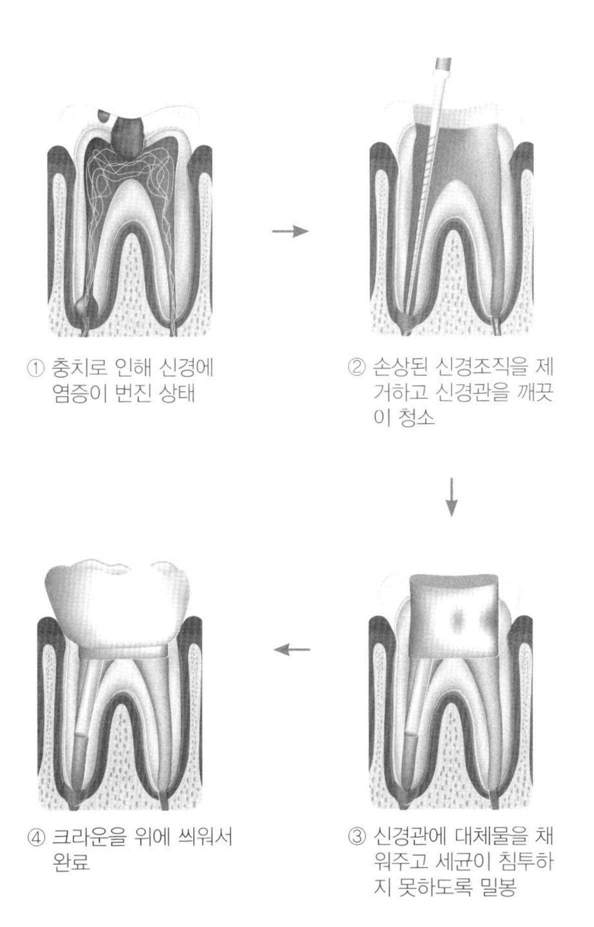
① 충치로 인해 신경에 염증이 번진 상태
② 손상된 신경조직을 제거하고 신경관을 깨끗이 청소
③ 신경관에 대체물을 채워주고 세균이 침투하지 못하도록 밀봉
④ 크라운을 위에 씌워서 완료

치과에서 신경치료를 받을 때 진료 의자 옆에 놓여있는 신경치료 기구를 자세히 한 번 살펴보세요. 다양한 색깔의 바늘들이 보입니다. 이것은 신경을 찾아 넓힐 수 있는 도구를 치과의사가 알아보기 쉽도록 분류해 놓은 것입니다. 사람마다 눈, 코, 입의 모양이 각기 다른 것처럼 신경의 위치와 모양 역시 천차만별입니다. 이 작고 다양하게 생긴 신경들을 빠짐없이 찾아내 세척 후 소독하고 메워줘야 100%에 가까운 치료가 되겠지만 현실적으로 어려운 조건입니다. 마치 미로를 탐험하는 것과 같아 예상 밖의 난관에 부딪히기도 합니다.

신경치료가 길어지거나 심한 통증을 느끼는 것도 이와 같은 조건 때문입니다. 좁고 어두운 동굴 속을 헤매며 길을 찾아내 넓히는 일과 같아서 높은 집중력과 섬세한 손놀림이 필수적입니다.

성공적으로 신경치료를 받고 싶다면 어떻게 해야 할까요?

환자 입장에서 실패율을 줄일 수 있는 최선의 방법은 좋은 의사를 만나는 것입니다. 단순한 이야기지만 열심히 경험을 쌓아온 선생님이 좋은 장비와 재료를 갖추고 시술을 한다면 좀 더 안심할 수 있는 결과를 기대할 수 있을 것 입니다.

| 자연치아의 신경은 소중해

치아를 살리기 위해 우선으로 신경치료를 선택하는 것은 바람직하지 않습니다.

일단 신경을 제거하면 뒤탈이 날 일은 거의 없습니다. 때문에 신속하게 신경치료를 먼저 실시하는 병원들도 있습니다. 하지만 신경치료를 하면 그 치아는 영양과 혈액공급이 중단 되서 기본적으로 죽어 있는 상태가 됩니다.

뿌리를 깊이 내리고 있는 건강한 나무는 잎도 푸릇푸릇하고 적절한 수분을 공급받아 생기가 있습니다. 반면 뿌리가 제대로 기능을 못해서 수분을 공급받지 못한 나무는 푸석푸석해져서 손으로 만지기만해도 부러지는 경우가 있죠.

신경치료를 받은 치아도 마찬가지입니다. 신경과 혈관이 없어진 치아는 시간이 지날수록 건조해지고 푸석푸석하게 변해

갑니다. 이렇게 약해진 치아에 피로가 누적되면 한 순간에 부러지기도 합니다. 그래서 치아의 평균수명도 자연치아보다 짧아지게 됩니다.

그럼 신경치료는 대체 언제 하라는 거냐고요?

충치와 염증이 이미 상당히 진행되어 있고, 치아 삭제 등 부분 치료로도 보존할 수 없을 때 시행하는 것이 좋습니다.

치아의 수명을 생각할 때 다른 선택이 있다면 일단 치과의사와 상의를 해보는 것이 필요합니다. 신경을 살려놓은 채로 치아의 일부분만 씌워주는 치료를 하면 신경은 살아있기 때문에 보철물이 망가져도, 치아 자체의 수명은 훨씬 더 길게 보장 됩니다.

그래도 여전히 감염과 통증이 남아있다면 그 후에 신경치료를 선택하는 것이 살아있는 치아를 유지할 수 있는 확률을 높이는 방법입니다.

신경치료 후에 보철물은 꼭 씌워야 할까?

힘들게 신경치료를 마무리 했는데 보철 치료를 해야 한다고 권하면 가끔은 망설이는 환자분들이 있습니다.

"안 아프면 됐지", "그냥 사용해도 괜찮을 것 같은데"

신경치료가 잘 마무리 된 후에도 비용이 만만치 않은 보철물 치료는 꼭 해야 하는 걸까요?

보철물 없이 그냥 사용해도 단기간에는 괜찮습니다. 그대로 사용하는 분들도 간혹 만나기도 하니까요. 가능하면 자신의 치아로 식사를 하는 것이 편하고, 어떤 면에서는 바람직한 일이기도 합니다.

그러나 신경을 제거한 치아를 계속해서 사용한다면 어떤 일이 벌어질까요?

몇 달 동안 해외를 다녀왔던 20대 후반의 남성분은 치아 하나가 완전히 깨진 상태로 내원했습니다. 이대로 괜찮겠거니 하고 신경치료만 받고 곧장 출국을 한 것입니다, 보철물을 씌워야 더 오래 쓸 수 있다는 설명을 들었지만 이대로 잘 쓸 수 있다는 느낌이 들어서 하지 않았다고 합니다. 약해져있었던 치아는 심하게 깨져버렸고 아쉽게도 결국 발치를 해야 했습니다.

이런 이유로 신경치료 후에는 머리 부분을 감싸 보호할 수 있는 보철 치료를 권하게 됩니다.

힘든 신경치료를 마무리 했다면, 크라운을 덮어줘서 더 오랜 기간 안전하게 사용할 수 있다는 것 기억하시길 바랍니다.

| 아픈 건 정말 싫어요!

신경치료의 통증을 줄이는 방법은 저 역시 아직도 고민이 많은 부분입니다.

치료에서 통증을 조금 덜 수 있는 스킬은 분명 있습니다. 미용실에서 머리를 자를 때 미용사의 섬세함이 느껴지는 것처럼 시술자마다 손기술과 환자를 대하는 자세에서 조금씩 차이가 날 수 있습니다.

특히 치과용 마취 주사를 무섭고 생각만 해도 싫다고 하십니다. 그래서 저는 무통 마취 방법을 사용하는데, 전혀 통증이 없는 것은 아니지만 일반 주사보다는 덜한 편입니다. 주사를 놓을 부분에 마취용 크림을 먼저 바르면 바늘이 들어갈 때 느낌이 둔해집니다. 또 일정하게 주입하는 기계식 주사이기 때문에 다소 무딘 편이죠. 무통주사를 놓아도 비용은 동일하기 때문에 많은 분들이 선호하십니다.

치과의사인 저 역시도 신경치료를 떠올리면 아픈 기억이 있습니다.

고등학교 시절, 치아에 대해서 전혀 무지했죠. 어느 날 등굣길에 갑자기 왼쪽 어금니가 너무 아파왔습니다. 껌을 씹으면 괜찮을 거란 순진한 생각에 무작정 가게에 들어가 껌을 샀습니다. 그렇게 통증이 가시길 기다렸지만 오히려 더 아파만 왔습니다. 결국 견디다 못해 곧장 눈에 보이는 치과로 달려갔죠.

"바로 신경치료를 해야 할 것 같네요."

아마 그때 신경치료라는 용어를 처음 들었을 겁니다. 큼지막한 마취주사, 윙윙 거리는 핸드피스 소리, 잔뜩 겁을 먹은 저는 식은땀이 젖은 채 치료를 받게 됐습니다. 얼마나 아프던지 눈물을 흘리며 학교로 돌아갈 정도였죠. 환자들의 고통을 일찍이 몸소 체험했다고 할까요? 치과의사가 된 지금은 그 이유를 알고 있지만 아직도 신경치료로 아파하는 환자분들을 보면 그때의 기억이 떠오릅니다. 그래서 최대한 통증을 줄이려는 노력은 의사로서 해야 할 일 중에 하나라는 생각이 듭니다.

신경치료 이후에도 일정기간 아픈 것은 손이 칼에 베였을 때와 같습니다. 베인 손을 치료하고 밴드를 붙여서 보호해도 다친 손가락을 만지면 여전히 아프죠.

신경치료 역시 결국 살갗을 절개하는 작업이라서 전혀 안 아플 수는 없습니다.

입을 벌리고 식사를 하는 도중에 어느 정도 통증이 느껴질 것이라고 받아들이는 게 오히려 마음이 편합니다. 통증이 심한 경우 소염제와 진통제를 사용하기도 하는데, 보통 3주 정도 시간이 지나면 통증은 대부분 사라지게 됩니다.

신경치료를 하고 잇몸색이 변했어요

신경치료를 받은 후 사용하는데 불편함이 없지만 잇몸 색깔이 변해 속상한 마음으로 내원하는 일들이 있습니다. 특히 젊은 여성분들이 이것 때문에 상당히 고민하는 경우가 많죠.

신경치료 후에 잇몸색이 변하는 이유는 수분과 영양을 공급 받지 못해 치아가 죽어있기 때문입니다. 즉 잇몸색깔이 변하는 것이 아니라 신경치료로 검게 변해버린 치아 뿌리 부분이 잇몸 밖으로 비춰져서 거무스름한 부위를 만들게 됩니다.

앞서 말씀드린 것처럼 신경치료 후 크라운을 씌워 사용하게 되는데, 처음에는 잇몸과 크라운이 만나는 부위가 잘 덮여있어 자연스럽습니다. 하지만 시간이 지나면 잇몸의 조직들이 조금씩 수축합니다. 이렇게 되면 잇몸과 크라운이 만나는 지점에서 치아의 외형이 비춰보이게 되죠. 특히 앞니 부분의 경우 심미적으로 고민이 될 수 있습니다.

그래서 미백이나 보철물을 다시 씌우기도 하지만 치아 자체가 죽어있기에 완전히 되돌기에는 한계가 있습니다.

그러나 이런 경우 치아가 상한 것은 아닙니다. 그대로 사용해도 지장이 없습니다. 검은색 라인이 살짝 비춰지는 것에 대해서 크게 신경 쓰이지 않는다면, 굳이 크라운을 벗겨내서 치료하지 않아도 된다는 것이 제 생각입니다.

원래 신경치료를 하면 이처럼 잇몸색은 어느 정도 변하게 되어 있습니다.

따라서 심미적인 면이 많이 신경 쓰시는 분들은 신경치료 전에 이 부분에 대해 담당의와 상의를 하는 게 좋습니다.

어떤 경우도 마찬가지지만 신경치료도 예방이 가장 우선입니다.

다시 강조 하지만 칫솔과 치실을 이용해서 치아를 청결히 유지한다면 신경치료는 대부분 피할 수 있습니다. 거기에 더해 1년에 두 세 차례 정기검진을 받는 습관을 들이면 충분한 예방법이 될 것입니다.

5

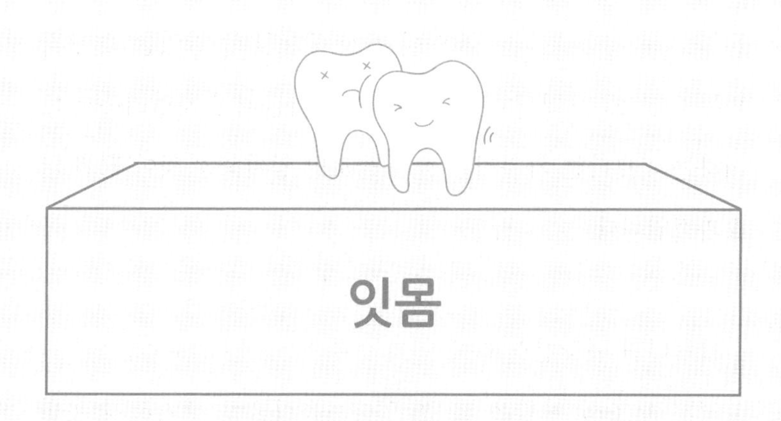

| 잇몸환자가 늘고 있다!

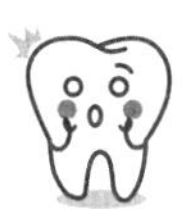

최근 통계에 따르면 치은염과 치주염은 한국인이 가장 흔히 앓는 질환 중 하나가 되었다고 합니다. 최근 2년 동안 무려 50% 이상 증가 했고 40대 이상에서는 무려 80% 이상이 잇몸질환을 가지고 있다고 합니다.

한국인들은 점점 더 잇몸에 안 좋은 생활방식과 식습관을 갖게 되는 것일까요?

그것은 우리나라 사람들의 잇몸상태가 예전보다 안 좋아져서가 아니라 잇몸건강에 대한 관심이 높아졌기 때문일 것 입니다. 특히 스케일링이 보험에 적용되면서 정기적으로 잇몸상태를 진찰할 수 있는 기회가 늘었습니다. 덕분에 치과의 문턱을 낮춰서 잇몸질환을 발견하고 치료받는 환경이 되어서 일면 바람직한 현상이라는 생각이 듭니다.

대부분의 잇몸질환은 생활습관과 연관되어 있습니다.

사실 잇몸건강은 간단한 사항들만 지켜준다면 심각한 상황으로 가는 것을 상당부분 막을 수 있습니다.

잇몸 염증의 시작은 세균과 침 그리고 음식찌꺼기가 뒤섞여 만드는 치태입니다. 세균막인 치태는 식사 후 4시간이 지나면 조금씩 돌처럼 단단한 하게 굳기 시작하는데, 바로 치석으로 변하는 것이죠. 자연치아 뿐만 아니라 임플란트와 라미네이트, 부분틀니 등도 똑같습니다. 이렇게 쌓인 치석은 잇몸과 뼈를 파괴하고 망가뜨립니다.

예방을 위해서는 스케일링과 정기검진 등 치과 관리가 중요하지만 집에서도 간단하게 할 수 있는 방법들이 있습니다.

바로 잇몸 건강을 위한 칫솔법과 잇몸마사지입니다.

잇몸도 마사지가 필요해

잇몸도 우리 몸의 다른 부분과 마찬가지로 마사지를 해주면 좋습니다.

잇몸을 튼튼하게 하는 간편한 마사지법을 알아볼까요?

깨끗이 씻은 손가락으로 왼쪽 위 부분부터 문지르듯이 부드럽게 마사지를 해줍니다.

둔통이 느껴지는 부위가 있다면 그곳을 충분히 해줍니다. 혈액순환에 도움이 되고 시원한 기분을 느낄 수 있습니다.

칫솔질로도 잇몸마사지를 할 수 있습니다.

칫솔을 비스듬히 세워서 잇몸사이에 살짝 넣어 진동을 주면 잇몸이 세척이 되는 효과를 볼 수 있죠. 너무 세게 하면 잇몸에 상처가 날 수 있기 때문에 치아와 잇몸의 경계에서 칫솔모가 약간 구부러질 정도의 진동이 좋습니다.

잇몸에 좋은 음식, 균형 잡힌 식습관을 유지하는 것도 중요합니다.

| 그림 6 | **잇몸 마사지법**

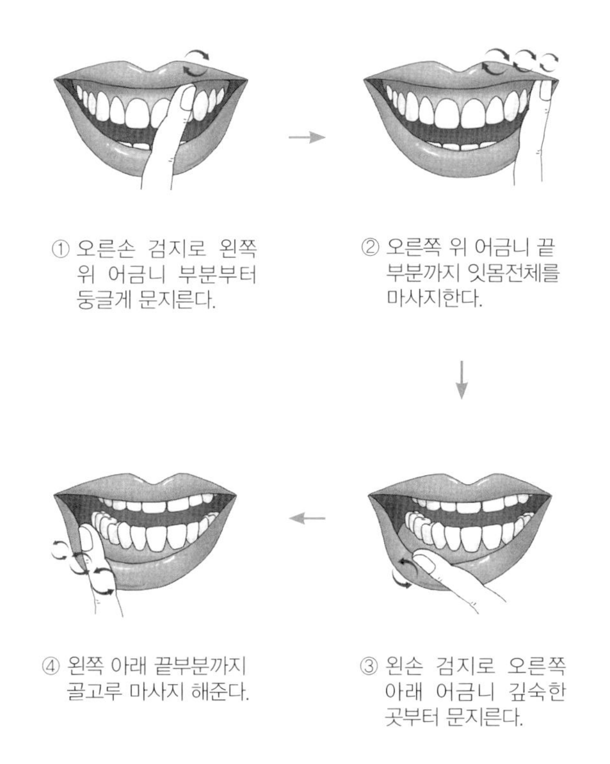
① 오른손 검지로 왼쪽 위 어금니 부분부터 둥글게 문지른다.
② 오른쪽 위 어금니 끝 부분까지 잇몸전체를 마사지한다.
③ 왼손 검지로 오른쪽 아래 어금니 깊숙한 곳부터 문지른다.
④ 왼쪽 아래 끝부분까지 골고루 마사지 해준다.

특히 단단한 음식을 그대로 씹는 것은 잇몸을 약화시키는 중요한 원인입니다. 또 담배를 아주 싫어하죠. 담배의 유해물질이 치아에 달라붙어서 누렇게 변색시키고 치석으로 변해 치주질환을 일으키기도 합니다.

잇몸은 신선한 야채와 과일 등 섬유소가 풍부한 음식을 좋아합니다. 귤, 딸기, 가지 등 비타민 C가 가득한 음식들에는 우리 잇몸을 건강하게 하는 요소가 많이 들어있답니다.

| 잇몸병이 전신건강을 위협한다?

잇몸질환과 전신건강이 의학적으로 관련성이 있다는 사실, 아시나요?

이러한 연관성은 의학적으로 일부 입증되기도 했습니다.

특히 잇몸병을 가지고 있다면 동맥경화, 당뇨병, 폐질환, 치매, 조산 위험성 등이 증가한다는 학계 공식 발표가 있습니다.

저 역시 이 사실을 알게 된 것은 오래되지 않습니다.

관련성이 있다는 보고가 이미 충분히 나온 상태이기 때문에 임산부, 심장질환과 당뇨병이 있는 내원자분들께는 꼭 잇몸관리를 당부 드리고 있습니다.

원인은 입 속의 세균입니다. 치주염이 심해지면 구강 내 세균들이 혈관을 타고 전신을 돌아다니게 되는데, 면역력이 떨어진 사람들에게 전신 질환을 일으킬 수 있는 위험요인이 됩니다. 특히 폐질환이나 심장수술을 받은 사람은 그 부위가 세균에 취약해 진다고 합니다.

잇몸상태는 치매와도 관련이 있다는 연구결과도 있었죠.

백세시대에 가장 주의해야할 질환 중 하나가 치매입니다. 노년에도 잇몸이 튼튼하다면 씹는 자극이 뇌로 전달 되서 혈류량을 증가시키고 치매를 방지하는데 중요한 역할을 합니다.

이처럼 치아와 전신건강과의 연관성은 분명히 존재하는 부분이 있습니다.

그래서 잇몸을 통해 다른 질환까지 이어지는 것을 막기 위해서 잇몸청소를 위한 스케일링이 여기서도 중요하게 됩니다. 스케일링을 정기적으로 받으면서 잇몸 상태를 함께 체크한다면 이런 가능성들을 예방할 수 있는 효과적인 방법이 됩니다.

한번 망가진 잇몸은 회복이 어렵다?

잇몸건강을 호시탐탐 무너뜨리려는 적! 바로 치석입니다. 치석이? 언뜻 들으면 누군가의 이름 같기도 합니다. 그런데 치석이란 녀석은 엄청난 친화력을 갖고 있습니다. 치아 표면에 한번 들러붙으면 절대 쉽게 떨어지지 않죠. 조용히 숨어 지내며 조금씩 염증을 일으키는데 초기에는 칫솔질을 하거나 사과 등을 먹을 때 피가 묻어나는 신호를 보입니다.

하지만 놈들에게 그대로 잇몸을 점령당할 수는 없습니다.

주로 잇몸 위에 치석이 쌓인 상태인 치은염은 스케일링 등 간단한 치료로 정상 회복 가능합니다.

그러나 치석이 잇몸 밑으로 파고들기도 하는데, 이것을 계속 방치하면 걷잡을 수 없이 번지게 됩니다. 이가 흔들리고, 잇몸뼈까지 녹아내리게 하는 치주염으로 진행되면 원상복구를 어렵게 만들죠.

일단 치주염이 심해지면 치료의 목적은 회복시키는 것이 아니라 멈추는 것이 됩니다. 그래서 잇몸이 안 좋아지면 치료를

| 그림 7 | 치주질환의 진행 단계

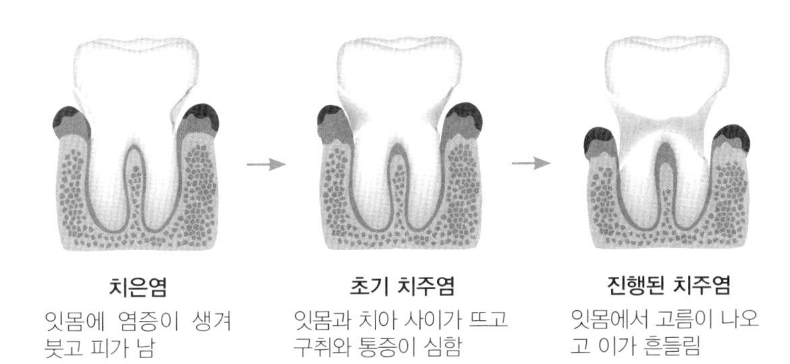

받겠다는 생각보다는 평소 관리를 틈틈이 해나간다고 접근하는 것이 이후에 훨씬 수고와 비용을 덜 수 있는 방법입니다.

치석은 잇몸 위쪽과 아래쪽에 쌓이는 것으로 나뉩니다. 잇몸 위쪽으로 쌓이는 것들, 즉 눈으로 관찰이 가능한 부분은 대부분 스케일링으로 제거가 가능하죠.

그러나 잇몸 아래쪽에 쌓인 치석은 관찰이 어려워 마취를 한 뒤 기구를 넣어서 안쪽까지 긁어내는 작업이 필요합니다. 이 시술이 일명 잇몸스케일링으로 불리는 큐렛입니다.

일반 스케일링이 닿기 어려운 부분을 집중적으로 청소해서 치주질환의 진행을 억제하거나 더디게 하죠.

치주염이 광범위하게 진행된 상태라면 잇몸을 절개해서 염증을 제거하는 치주판막술을 시행합니다. 잇몸을 절개한다고 하니 무서워하시는 분들도 있지만 큰 수술은 아닙니다. 염증을 잘 보이게 열어서 모두 긁어낸 후에 깨끗하게 청소하고 닫아주는 것이죠. 좋은 예후를 보이는 경우가 많아 잇몸병이 깊은 분들에게 권장됩니다.

나이가 들수록 가장 신경 써야 하는 부위 중 하나가 바로 잇몸입니다.

다행히 잇몸질환은 갑자기 나타나는 것이 아니라 서서히 진행되기 때문에 기본적인 사항들만 지켜도 수술까지 가는 상황을 대부분 피할 수 있습니다.

가장 효과적인 예방법은 역시 '칫솔질'입니다. 입 속의 제거되지 못한 음식물들이 부패해서 염증이 일으키며 시작되기 때문입니다. 그래서 식사 후 양치질로 꼼꼼히 청소하고, 치아 사이에 잘 끼이는 음식을 먹었다면 치실이나 치간칫솔로 제거해

주는 것이 잇몸병을 예방하는 가장 확실한 방법입니다.

거기에 더해 정기적인 스케일링으로 치석을 제거하고 잇몸 상태를 체크한다면 치주질환으로 치아를 잃게 되는 대부분의 사태는 막을 수 있습니다.

잇몸이 너무나 큰 당신

잇몸은 그 사람의 몸을 닮는다는 이야기가 있습니다. 이것도 어느 정도 일리가 있는 이야기입니다. 몸집이 큰 사람은 비교적 두꺼운 잇몸을, 마른사람은 얇은 잇몸을 갖게 되는 경향이 존재합니다.

그래서 주로 몸집이 큰 분들 중에는 웃을 때 잇몸이 과하게 보여 고민거리가 되는 경우가 있습니다. 거미스마일(Gummy Smile)이라고 하는데, 이것 자체로 병적인 문제가 되지는 않습니다. 다만 스스로 콤플렉스로 느낄 수 있기 때문에 심미적인 치료로 접근합니다.

잇몸 크기의 조절이 가능하냐고요? 그렇습니다.

단순히 잇몸이 크고 드러나는 부분이 많아 고민이라면 잇몸 절제술을 통한 해결이 가능합니다. 칼이나 레이저로 치아를 덮고 있는 잇몸의 일부분을 잘라내서 길이를 알맞게 맞추면 좀 더 자연스러운 잇몸라인을 만들 수 있습니다. 과비용을 청구하는 곳이 아니라면 크게 부담스럽지 않고 안전한 치료법입니다.

"잇몸이 검은 색이라 거울을 볼 때마다 신경이 쓰여요. 제 잇몸은 왜 어두운거죠?"

잇몸 색깔이 전체적으로 검은빛이 도는 것은 대부분 멜라닌 색소가 주된 원인입니다. 그럴 경우 잇몸미백이라고 불리는 멜라닌 색소 제거술을 생각해 볼 수 있습니다.

잇몸 표면을 한 꺼풀 벗겨내는 방식으로 중장기적으로 선홍빛 색상을 보이게 됩니다. 오래 지속되기도 하고 금방 되돌아오는 사람도 있어 무조건 효과가 있다고 말할 수는 없습니다. 그러나 시술 시간이 짧고 통증도 크지 않아 거무스름한 잇몸 색으로 고민이 된다면 시도해 볼 만한 시술입니다.

적당히 드러나는 밝은 잇몸은 자신감 있는 미소를 갖는데 도움을 줄 수 있으니까요.

| 잇몸도 늙는다?

잇몸도 나이에 따라 자연스럽게 노화가 진행됩니다. 잇몸을 붙잡고 있는 뼈인 치조골도 다른 관절들처럼 조금씩 약해집니다. 그러나 나이가 드는 것에 비례해서 잇몸상태가 나빠지는 것은 아닙니다. 중년 이후에도 꾸준한 관리를 통해 젊은 사람에 못지않은 피부를 유지할 수 있는 것과 같습니다.

"살면서 한 번도 문제가 없었는데 잇몸이 갑자기 안 좋아졌어요. 다른 병원에 갔더니 이 상태로는 임플란트를 하기도 힘들다고 하네요. 어쩌죠 선생님? 다시 잇몸을 튼튼히 할 수 있는 방법이 없을까요?"

문제가 없던 게 아니라 알지 못했던 것이죠. 오랜 기간 치석이 쌓여 잇몸질환이 상당히 진행 되서야 발견 된 상태가 많습니다. 치석 관리가 잘 안되면 자기도 모르는 사이에 조금씩 잇몸이 약해져 어느 순간 치아가 갑자기 흔들리는 경험을 하게 됩니다.

그래서 정기적으로 치석을 없애주는 것만으로도 잇몸건강을 상당부분을 지켜갈 수 있는 것입니다.

나이가 있으신 분들 중에는 스케일링을 받으면 치아 사이가 벌어지는 것 같아 한번 받고는 피하시는 분들이 의외로 많습니다. 하지만 스케일링은 절대 치아를 닳거나 벌어지게 하지 않습니다. 치석이 쌓이면 잇몸과 치아 사이에 약간의 공간이 생기게 됩니다. 그 틈에 굳어있던 치석이 제거되면 바람이 들어와 시린 느낌이 나고 스케일링으로 치아가 벌어졌다는 느낌을 받게 되는 것입니다.

제가 치과의사임에도 불구하고 저희 부모님도 스케일링은 이가 시리고 벌어지는 느낌이 든다며 피하십니다. 아무리 설명을 드려도 스케일링을 계속하면 치아가 깎여 마모가 된다고 오해하는 것입니다. 하지만 스케일링을 일 년 동안 매일 받는다고 해도 치아를 조금도 닳게 하지 못합니다.

한번 망가진 잇몸은 되돌리기 힘듭니다!

앞서 말씀드린 대로 잇몸을 망가지게 하는 가장 중요한 원인은 치석으로 인한 치주염입니다. 치과의사들이 스케일링을 강조하는 이유도 거기에 있습니다.

잇몸의 자연스러운 노화는 막을 수 없지만 잇몸이 병드는 것은 정기적인 스케일링을 통해서 사전에 예방할 수 있습니다.

| 잇몸 약을 꾸준히 먹으면 개선된다?

텔레비전에서 익숙한 잇몸 약 광고가 있습니다. 흔들리고 피가 나는 잇몸을 꽉 잡아줄 수 있다고요. 잇몸건강을 지켜준다는 다양한 약들이 나와 있습니다. 약국에서 쉽게 구할 수 있는 제품들도 많아져 자주 드시는 분들도 적지 않은 것 같습니다.

그럼 잇몸약을 꾸준히 먹으면 흔들리는 치아를 잡아주고 튼튼하게 만들어 줄까요?

이와 관련해 최근 일본과 프랑스 등 해외 연구에서는 잇몸질환 예방에 효과가 없다는 연구결과가 있었습니다. 잇몸질환을 예방하려면 치석을 제거해서 염증으로 발전하지 않게 해줘야 하는데, 잇몸보조제는 그런 기능이 없기 때문입니다. 원인 해결이 전혀 안 되니 기대한 만큼 효과를 보기 어렵다고 해야 할 듯합니다.

식약청에서도 잇몸 약은 치주질환 치료제가 아니라 치료 보조제로 분류하고 있습니다.

어떤 분은 잇몸보조제가 도움이 되는 줄 알고 장기간 복용을 해왔는데, 처음에는 나아지는 것 같더니 결과적으로 치아를 거의 다 뽑아 버려야 하는 상황에 이르렀습니다. 잇몸질환은 계속 진행 중이었지만 오히려 약 때문에 심해지는 증상이 가려졌던 것이죠.

좀 더 솔직하자면 치과와 약국에서 약을 남발하는 경우도 문제입니다. 많은 병원들이 제약회사와 리베이트가 되어있다는 점도 무시할 수 없겠죠.

잇몸치료는 치과 스케일링을 통해 잇몸에 낀 치석을 제거하는 것이 훨씬 효과가 좋습니다.

먹는 약으로 잇몸의 염증을 어느 정도 가라앉히는 제품도 있지만 그것도 병원에서 사용할 수 있는 전문의약품으로 분류 됩니다.

다만 잇몸질환의 원인을 치과에서 제거한 후에 회복하는데 보조제로 활용하면 도움을 얻을 수 있습니다.

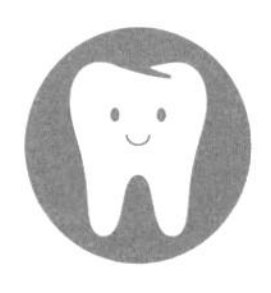

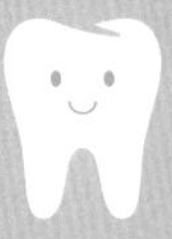

part 2
백세 심미 치아

❶

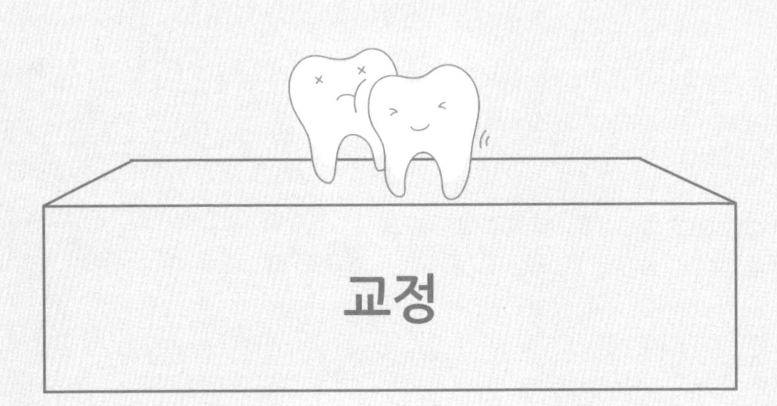

| 나에게 맞는 파트너를 찾아라!

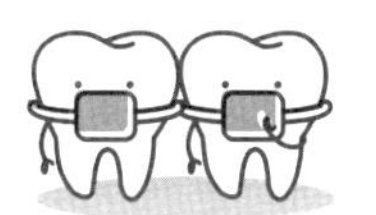

예전에는 교정 방법이 획일화되었고 선택권 자체가 환자에게는 별로 없었죠. 하지만 알고 계신가요? 최근에는 개인의 취향과 필요에 따라 다양하게 선택할 수 있게 되었습니다.

나에게 가장 적합한 교정장치를 알아둔다면 그만큼 효율성과 비용면에서 맞춤형으로 선택을 할 수 있습니다. 치아교정을 생각하고 있다면 교정 종류에 따라 어떤 장단점이 있는지 한번 확인해보세요. 내게 잘 맞고 어울리는 옷을 찾는 것처럼 말입니다.

메탈교정

가장 전통적인 방법입니다. 교정력이 뛰어나고 시술기간과 비용이 비교적 적다는 장점이 있습니다. 또 튼튼하고 잘 떨어지지 않아 망가질 위험이 적습니다.

반면 시술할 때 통증이 많고 금속장치가 그대로 노출되는 단점이 있어서 점점 꺼려하는 경향이 있습니다. 하지만 교정력 자체는 메탈브라켓이 가장 우수합니다. 최근엔 작게 만들어진 제품들이 나오고 있지만 너무 작으면 적절한 힘을 가하는 것이 어렵습니다. 따라서 움직임이 많이 필요한 경우 여전히 전통적인 메탈브라켓이 단연 유리합니다.

세라믹교정

치아색상과 비슷한 세라믹 재질이라서 메탈보다 심미적인 자신감을 줄 수 있습니다.

메탈이 더 저렴하고 튼튼함에도 불구하고 교정 기간 동안 티가 적게 난다는 이유로 세라믹이 더욱 각광받고 있습니다. 그러나 교정 장치가 깨질 수 있다는 가능성과 기간이 늘어나기도 하는 단점을 가지고 있습니다.

자가결찰교정

최근 가장 많이 보급되고 있는 시술방법입니다. 뚜껑으로 고정하는 부분을 열고 닫아 일명 똑딱이로도 불립니다. 겉보기에도 하얗고 예뻐 많이 선호되고 있습니다.

철사로 조이는 방식이 아닌 버튼을 끼우는 방식이기 때문에 시술이 번거롭지 않습니다. 그러나 가격이 비싸고 치아를 잡고 있는 와이어의 힘이 약해서 효율성이 떨어질 수 있습니다.

온라인에서 홍보되는 것과 달리 통증과 착용감은 메탈과 비슷합니다. 교정장치는 처음 장착할 때 가장 많은 통증을 느끼게 됩니다. 그 이후에는 통증에 있어서 별로 차이가 나지 않습니다.

최근 가장 많이 국내에 소개되는 자가결찰 교정법은 클리피씨와 데이몬클리어입니다.

두 방식은 회사가 다를 뿐 거의 비슷합니다. 클리피씨는 결착하는 부위가 금속재질로 되어 있고 크기가 작은 반면, 데이몬클리어는 크기가 크고 올세라믹 재질이어서 가격이 좀 더 높습니다.

교정기간 동안 심미성을 중요하게 생각한다면 클리피씨나

데이몬클리어 등을 고려해보는 것도 좋습니다. 그러나 효과적인 것을 원한다면 메탈브라켓이 월등합니다. 자가결찰장치를 추천하는 곳에서는 효과도 전혀 떨어지지 않는다고 강조하지만, 객관적으로 비용과 효율면을 고려한다면 메탈교정이 여전히 우수합니다.

투명교정

교정장치를 꼈다 뺐다 할 수 있는 탈부착식입니다. 투명한 재질을 사용해 눈에 잘 띄지 않아서 특히 젊은 여성분들과 대인관계가 많은 분들이 선호합니다. 교정 기간 동안 마음 편히 웃고 말 할 수 있다는 건 분명 큰 장점이기 때문입니다.

투정교정 중 최근 많이 홍보되고 있는 것 중 하나가 인비절라인입니다.

인비절라인은 여러 개의 교정장치를 사용합니다. 치아의 이동경로를 예측해서 기대되는 모양대로 주기적으로 바꿔 끼우면서 진행합니다.

그러나 투명교정은 경미한 교정이 필요한 사람들을 위해 고안 되었습니다. 일부 광고에서는 일반 교정만큼 효과가 있다고

| 그림 8 | 교정장치의 장단점

종류	장점	단점
메탈 교정	교정효과가 뛰어나고 비용과 시술기간이 비교적 적음	금속장치가 그대로 노출됨
세라믹 교정	메탈보다 심미적으로 우수함	교정장치가 깨지기도 하고 기간이 늘어날 수 있음
투명 교정	외관상 거의 표시가 나지 않음	교정력이 약하고 비용이 비싸다
자가결찰교정	시술이 비교적 간편하고 심미적으로 우수함	와이어가 잡고 있는 힘이 약해 효율성이 다소 떨어짐

설명하기도 하는데, 치아는 교정할 때 좌우, 위아래, 앞뒤 등 3차원적으로 이동해야 합니다. 움직임이 많이 필요한 케이스일수록 투명교정장치는 불리하게 되죠. 가격도 일반 부착식 교정보다 비싼 편입니다.

그래서 치아 사이가 조금 벌어져 있다든지, 치열이 약간 비뚤어져 있는 경우 주로 사용하고, 전체적으로 고르지 못한 치열을 잡아줘야 하거나 발치를 해야 하는 경우에는 피하는 것이 좋습니다.

교정을 선택할 때 효율성, 심미성, 비용 부분을 모두 함께 고려해보세요. 내가 어떤 케이스인지 파악하고 각 교정의 특성을 알고 있으면 여러 면에서 도움이 됩니다.

이에 더해 전문가와 세밀한 상담을 통해 결정한다면 훨씬 더 만족스러운 결과를 얻을 수 있을 것입니다.

| 교정 방법 선택하기

교정법은 보통 환자보다 치과에서 전문적으로 판단해서 진행하는 경우가 많습니다. 환자가 원하는 것과 치과에서 판단할 때 가능한 시술이 다를 수 있기 때문입니다. 그래서 미리 결정해서 방문하기 보다는 자신에게 맞는 방법을 담당의와 상의해서 선택하는 것이 좋습니다.

비발치교정

치아를 뽑지 않고도 효과적인 교정이 가능하다면 그렇게 하는 것이 좋다는 것은 분명합니다. 누구나 발치하지 않고 교정이 할 수 있다면 얼마나 좋을까요? 그러나 실제 교정에 들어가게 되면 발치를 해야 하는 상황이 적지 않습니다.

[비발치교정, 누구나 가능합니다!]

광고를 보고 치과를 찾았던 20대의 젊은 여성인 Y양은 비발치가 가능하다는 치과의 말을 듣고 그 자리에서 결정하게 되었습니다.

그런데 교정이 시작되고 시간이 흐를수록 입이 오히려 더 튀어나오는 부작용이 나타나기 시작했습니다. 병원에 컴플레인을 걸었지만 공간이 확보되면 나아질 거라는 말을 듣고 기다렸다고 합니다. 시간이 지나도 나아질 기미가 보이지 않았지만 계속해서 지켜보자는 답을 들을 뿐이었습니다.

결국 1년이 넘게 교정을 하던 병원을 옮겨 발치 후 교정으로 다시 시작해야 했습니다.

모든 치아가 가지런히 자리 잡을 공간이 부족하다면 발치를 해야 합니다. 비발치 교정이 가능한 상황이라면 더욱 좋겠지만 이처럼 어쩔 수 없는 경우라면 발치를 해서 부작용을 줄이는 편이 훨씬 낫기 때문입니다.

순측교정

치아 바깥쪽으로 교정장치를 부착하는 방식으로 충분히 효과가 검증되서 가장 많이 선택하는 교정법입니다. 치아의 표면에 브라켓이라는 교정장치를 부착한 뒤 와이어로 연결해서 치아를 압박하며 진행하게 됩니다.

가격이 비교적 저렴하고 가장 효과적으로 치아를 이동시킬 수 있다는 장점이 있지만 눈에 잘 띈다는 단점도 가지고 있습니다. 이런 점을 보완하기 위해 치아의 색상과 비슷한 세라믹이나 장치 자체를 작게 만든 것을 사용하기도 합니다.

설측교정

치아 안쪽으로 교정장치를 장착해서 노출을 최대한 줄일 수 있도록 고안된 방식입니다. 티가 잘 안 나면서도 원하는 모양대로 교정 되는 것처럼 소개되기도 합니다. 그러나 자세히 살펴보면 장점보다는 단점이 많은 시술입니다. 넓게 바깥쪽으로 와이

어를 감아 치아를 움직이면 계획대로 원활한 진행이 되지만, 비좁은 안쪽의 경우 교정력이 떨어질 수밖에 없습니다. 혀가 많이 쓸리고 발음도 부정확해서 고생스럽다는 의견도 많습니다.

또 일반 교정보다 고가이며 진행속도가 느린 편이라서 환자에게 부담이 될 수 있습니다.

수술교정

수술교정은 주로 양악수술을 말합니다. 양악수술을 들어보지 못한 분들은 아마 거의 없을 것입니다. 방송 등을 통해 많이 알려졌을 뿐 아니라 주위에 시술을 선택한 분들도 종종 있으니까요. 그런데 수술교정은 본래 미용을 위한 것이 아니라 턱 모양을 바로 잡아 기능적인 불편함을 줄기 위해 개발되었습니다.

아래턱이 심하게 나온 주걱턱이나 발육이 부족한 무턱, 한쪽면이 삐뚤게 보이는 안면비대칭, 긴 얼굴형 등입니다. 보통 양악수술 전후로 치아교정을 하게 되는데 씹고 말하고 대인관계를 갖는데 심한 어려움이 있다면 골격 자체에 변화시켜서 저작기능과 심미성을 회복할 수 있습니다.

부분교정만으로도 달라질까?

부분교정, 듣는 순간 무엇인지 대략 알 것 같나요?

네 맞습니다. 말 그대로 일부분만 교정하는 것입니다.

상황에 따라 부분 치열을 잡아줘도 효과를 볼 수도 있는 경우가 있습니다. 그래서 전체교정과 부분교정을 비교해 어떤 것이 더 효율적일지 그리고 나에게 적용이 가능한지 알아보는 것이 좋습니다.

그렇다면 부분 교정에는 어떤 것들이 있을까요?

전체적인 치열은 양호한데 일부분이 고르지 않아 미관을 해치는 경우입니다. 특히 앞니 치열은 웃거나 말할 때 가장 먼저 보이기 때문에 본인이 느끼는 스트레스가 큽니다.

이런 경우 어금니를 제외하고 교정장치를 부착하는 시술이 가능합니다. 제한적인 부분만 치아를 이동시키기 때문에 전체교정보다 저렴하고 단기간에 치료가 이루어집니다. 치아를 뽑지 않아도 된다는 점도 매력적이죠. 하지만 부분교정이 누구나 가능한 것은 아닙니다.

자신이 부분교정을 할 수 있는지, 전체교정이 필요한지 사람마다 케이스 바이 케이스로 판단해야하기 때문에 치과에서 의사와 상의한 후 선택해야 합니다.

아, 이런 분들도 있습니다.

아래 혹은 위의 치열만 따로 교정을 원하시는 경우죠. 그러나 위나 아래 치열만 교정하는 부분교정은 추천하지 않는 편입니다. 한 부분만 교정하다보면 자칫 교합이 맞지 않아 위아래가 맞물리지 않을 수 있기 때문입니다. 이 경우는 일반교정과 가격차이도 크지 않습니다.

부분 교정, 편하긴 하지만 역시 우선 꼼꼼히 살피는 것, 중요합니다.

부정교합, 치료가 반드시 필요한가요?

부정교합은 쉽게 말해 치아가 가지런히 맞물리지 않는 상태입니다.

고른 치열과 잘 다물어진 턱은 자신감 있는 외모에도 빼놓을 수 없죠. 그러나 현실에서 완벽한 교합을 가진 사람은 거의 존재하지 않습니다. 눈코입도 각자 개성이 있듯이 치아도 마찬가지니까요.

치과의사인 저 역시 입을 다물면 잘 맞는 곳이 있고 조금 덜 닿는 곳이 있습니다. 하지만 이것을 맞추겠다고 교정을 하거나 치아를 깎는 등 교합을 위한 특별한 치료는 하지 않습니다.

사람들은 각자 자신만의 교합 상태에 잘 적응하며 살아갑니다. 기능적으로 문제가 없다면 어떻게 받아들이느냐 따라 콤플렉스가 되기도 하고 개성이 될 수도 있습니다.

입을 다물었을 때 치열 전체가 골고루 맞물리는 이상적인 교합 상태가 있지만 반드시 그와 가깝게 맞춰갈 필요는 없는 것이죠.

부정교합은 어금니를 중심으로 위턱과 아래턱이 얼마나 나와 있느냐에 따라 1급에서 3급으로 나뉩니다. 그렇지만 급수 판정에 따라 치료의 진행여부를 판단하는 것은 아닙니다. 오히려 저작 기능과 사회생활에 얼마나 영향을 주는지 환자 입장에서 받아들이는 것이 더욱 중요하죠.

치료가 필요한 경우는 씹는 것이 불편하거나, 발음이 상당히 부정확한 경우, 치열이 좋지 않아 외모적인 콤플렉스를 느끼는 상태입니다.

대표적인 것이 주걱턱과 무턱입니다. 주걱턱은 아래턱이 과다하게 성장해 생깁니다. 반대로 아래턱의 성장이 부족하게 발달한 것이 무턱입니다. 교정치료로 치열을 잡아주거나 심한 경우라면 수술교정으로 턱 모양 자체를 변화시킵니다.

외상성 교합이라고 하는 입을 다물면 특정 치아에만 자극이 가해지는 경우도 있습니다. 특히 보철물을 한 뒤 그 부위에만 걸리는 느낌이 계속 된다면 다른 치아와 힘을 나눠 가질 수 있게 조절하는 작업이 필요합니다.

결국은 치열이 조금 삐뚤빼뚤해도, 잘 닿지 않는 부분이 있더라도 씹는데 불편함이 없고 심미적으로 크게 신경 쓰이지 않는다면 굳이 치료를 할 필요는 없다고 봅니다. 기능적인 이상이 아니라고 한다면 왜 치료를 하고자 하는지, 정말 나에게 필요한지 생각해봐야 합니다.

| 교정장치의 반란

"교정장치에 적응이 안 되고 너무 아파요."

"왜 저만 이렇게 아픈 거죠?"

다들 생전 처음 하는 장치다 보니 통증을 많이 호소하십니다. 초기에는 치아를 움직이는 힘이 강하게 발생하기 때문에 2~3일 정도가 특히 아픕니다. 교정치료를 받는 대부분의 사람들 겪게 되죠.

뾰족한 부분을 꾸부려주기도 하고, 레진 등으로 채워 주기도 하면서 통증을 다소 줄일 수는 있겠지만, 그 차이는 시술자에게 많이 달려있습니다.

사실 한 달에 한 번씩 조이고 움직여야 하니 교정기간 동안 통증 없이 진행 할 수 있다는 건 무리입니다. 제가 너무 솔직했나요? 하지만 사실 브라켓 교정에서 통증을 확 줄일 수 있는 방법은 현재로서는 없습니다.

저 역시 죄송합니다. 좀 견디고 참으셔야 합니다! 라고 말씀드립니다. 익숙해지는 것이 중요합니다.

"교정을 했는데 유지장치가 계속 떨어져서 불편해요"

"오래 끼우고 있지를 못하겠어요."

유지장치가 불편하다고 고민을 하시는 분들도 많습니다.

교정치료가 끝나고 가지런한 치열을 갖게 되더라도 치아는 원래 자리로 되돌아가려는 힘이 남아있기 때문에 유지장치를 끼우게 됩니다. 그런데 이게 잘 맞지 않거나 자꾸 떨어져서 고민이 되기도 합니다.

왜 자꾸 유지장치가 떨어지는 걸까요? 답은 아주 단순합니다. 오래 끼우고 있기 힘들 정도로 부착이 어렵다면 제작이 잘못되었을 가능성이 높습니다. 구강구조에 맞게 잘 만들어졌다면 안 맞거나 잘 떨어지지 않습니다. 오래 끼우고 있으면 불편한가요? 그렇다면 담당 치과선생님과 상의해보세요. 대부분 해결될 수 있습니다.

30대에 교정을? 내 나이가 어때서

예전에는 청소년기부터 20대 사이에 교정을 하는 것이 정석처럼 여겨졌지만 수명이 백세까지 기대되는 지금은 나이를 가리지 않고 교정 상담을 오십니다. 그래서인지 특히 30대 분들이 교정을 받기 위해 많이 상담합니다. 외모적인 자신감의 필요성과 비용적인 부분도 스스로 감당할 수 있어서 미뤄왔던 교정을 다시 생각하게 되는 것입니다.

하지만 교정기간에 대한 부담감과 이미 시기를 놓쳤다는 판단에 포기도 쉽습니다.

사실 교정을 하는데 늦은 시기란 없습니다. 시술방법도 청소년기의 교정과 크게 다르지 않습니다.

그러나 주의해야 할 점!

잇몸질환이 있는지 교정 전에 확인해야 합니다. 필요하다면 잇몸치료 후에 진행되어야 하죠. 이것을 해결하지 못하면 아무리 치열을 가지런하게 펴도 치아는 흔들리고 빠질 수 있기 때문입니다. 교정 동안 치아는 상당히 큰 압박을 받으며 움직이게 되는데, 잇몸이 단단히 잡아주지 못한다면 상황은 오히려 악화될 수 있습니다.

그래서 30대 이상의 분들께는 반드시 잇몸상태를 점검하고 교정에 들어가기를 권합니다. 간혹 의사와 환자 모두 나빠진 잇몸상태를 확인하지 못하고 그대로 진행되는 경우도 있는데, 이후 회복이 더 어려운 상태가 되고 맙니다.

"선생님. 저는 30대 직장인인데요,
회사를 막 옮긴 상태라서 오래 쉴 수가 없어요.
특히 앞니 치열이 삐뚤어서 고민인데 방법이 있을까요"

30대 분들은 대부분 사회생활을 활발히 하기 때문에 교정법과 기간을 중요하게 생각합니다. 그런데 약간의 치열만 잡아주는 것과 돌출입 등으로 발치교정을 해야 하는 것은 방법과 기간, 비용면에서 많은 차이가 납니다. 그래서 교정을 통해서 본인이 원하는 바를 명확히 이야기할수록 자신에게 가장 효과적인 방법을 선택할 수 있고 결과도 좀 더 만족스러울 수 있습니다.

30대인 당신에게 교정이 필요하다면 이번엔 제가 질문을 드리겠습니다.

교정을 하는 목적은 무엇인가요? 방법과 기간, 비용에 대해 자세히 생각해보셨나요?

2

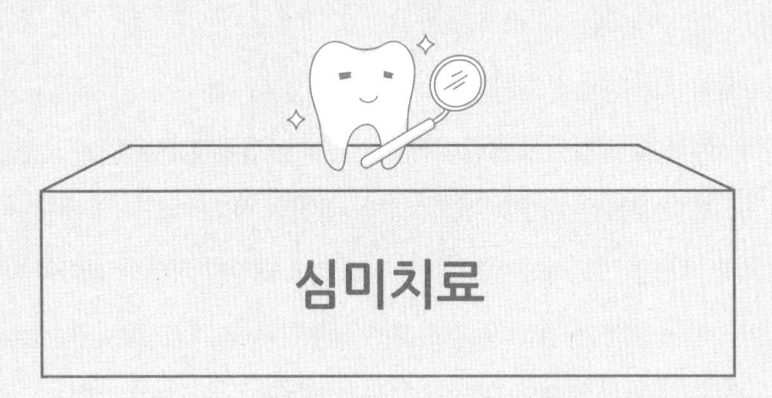

치아성형으로 연예인처럼 예쁜 치열을 원한다면

아프지 않은데 치과를 찾는 경우 흔치 않죠. 그런데 이런 분들이 점점 더 늘고 있는 것 같습니다. 다름 아닌 심미치료를 위해서입니다.

심미치료? 들어보긴 했는데 무엇이냐고요?

말 그대로 치아를 아름답게 하는 시술입니다. 미적인 관심이 늘어난 것도 있지만 수익성이 훨씬 좋기 때문에 병원들도 광고와 마케팅을 집중하는 경향이 있습니다.

저 역시 임플란트와 심미치료를 주로 하는 강남의 대형병원에서 근무하던 시절이 있었습니다. 당시에 항상 밝은 표정으로 좋은 인상을 주던 연예인 한분이 방문한 적이 있었죠. 그런데 굉장히 놀라고 말았습니다. 실제로 확인해본 치아 상태는 TV 화면으로 보이던 하얗고 가지런한 치아의 모습과는 전혀 달랐기 때문입니다.

여러 차례 다량의 라미네이트를 미용을 위해 받다보니 치아를 보호하는 표면이 대부분 깎여나간 상태였습니다. 깨지거나 벗겨질 때마다 교체해주어서 치아는 물론 잇몸까지 상당히 악화되어 있었습니다.

미용을 위한 라미네이트의 부작용 사례는 알려진 것보다 훨씬 많습니다. 되돌리기 힘든 상태까지 망가져 병원을 원망하는 분들도 많다고 합니다.

라미네이트는 빠른 시간 안에 가지런하고 빛날 정도로 밝게 보이게 한다는 장점이 있습니다. 하지만 다량의 시술은 오히려 부자연스러운 미소를 갖게 합니다.

더구나 인공치아가 치은열구 안으로 조금이라도 깊게 들어가면 잇몸에 상당히 좋지 않습니다. 여러 개의 라미네이트를 시술할 때 치아 사이의 공간을 최대한 줄이기 위해 잇몸 깊숙이 집어넣는 경우가 많은데, 이렇게 되면 만성염증이 생기기 쉬운 상태가 됩니다. 여러 번 반복한다면 심한 염증으로 잇몸이 자주 빛으로 변하기도 하죠.

그래서 심미적인 효과를 위해 라미네이트를 자주 하는 연예인을 TV로 보면 안타까운 느낌이 먼저 듭니다. 화면에서 보이는 하얗고 반듯한 치아를 위해 건강에 좋지 않은 시술을 꼭 자주 받아야 할까 생각이 들기 때문입니다.

방송의 영향력이 실로 대단하다보니 연예인처럼 환하고 가지런한 모습을 원해 다양의 라미네이트를 큰 고민 없이 선택하는 분들도 많이 봐왔습니다. 저는 그분들께 이 시술이 어떤 부작용이 있는지 설명을 하고 그래도 원한다면 차라리 교정을 권합니다. 젊었을 때는 아직 견딜 수 있겠지만 반복되는 라미네이트 시술은 중년 이후에 치아가 흔들리는 원인이 될 수 있기 때문입니다.

저는 치아성형은 전체가 아닌 부분 치료가 더 적합하다는 생각입니다. 치아사이가 벌어졌거나 살짝 깨진 곳을 덮는 미세한 부위 말이죠. 치아를 비교적 많이 삭제해야 하는 크라운에 비해 최소한만 삭제해서 붙일 수 있기 때문에 이러한 경우에는 효과적입니다.

아름다움도 건강이 유지될 때 더욱 의미가 있다는 것 잊지 마시길 바랍니다.

보철물 종류와 선택 기준이 너무 복잡해요

보철치료란 무엇일까요?

치아를 대체할 수 있는 재료, 즉 임플란트 브릿지 크라운 금니 틀니 등을 말합니다. 최근에는 보철치료도 심미적 효과가 매우 강조되고 있는데, 튼튼함뿐만 아니라 티가 잘 나지 않는 자연스러움을 많이 원하기 때문인 것 같습니다.

보철물마다 재료가 다양하고 시술방법도 달라 병원에서 권해주는 대로 치료받는 분들도 적지 않습니다. 그러나 각 보철재료에는 어떤 장단점이 있고, 나에게 적합한 것은 무엇인지 알고 있다면 좀 더 만족스러운 치료법을 선택할 수 있습니다.

크라운

단순하게 말해 보호용 모자를 씌우는 일입니다. 왕관이라는 뜻의 크라운은 치아 머리 위에 얹어서 감싸듯이 보호하게 됩니다. 신경치료 후에 약해진 치아를 보호하고, 금이 가거나 깨진 치아를 덮어 다시 사용할 수 있게 합니다.

재질은 금속과 세라믹으로 크게 나뉩니다. 금속은 깨지는 일이 거의 없고 사용감이 자연치아와 가장 유사합니다. 다만 티가 많이 난다는 단점이 있어서 심미적인 부분이 신경 쓰이는 분은 의사와 상의해서 결정하는 것이 좋습니다.

세라믹은 치아색깔과 비슷하지만 강도가 상대적으로 약합니다.

예전에는 심미성과 강도를 모두 만족시키기 위해 내부에는 금속으로 뼈대를 만들고 외부에 세라믹을 입히는 방식으로 만들었는데, 이것이 잇몸에 까맣게 비치는 사례가 많았습니다. 그래서 이를 해결하기 위해 내부 뼈대까지 세라믹으로 만든 것이 올세라믹입니다.

최근에는 지르코니아와 같은 강화세라믹을 많이 사용합니다. 일반 세라믹보다 높은 강도를 가지고 있어서 단단한 금니를 대체할 수 있는 재료로 많이 활용되고 있습니다.

브릿지

치아가 빠진 자리의 양쪽 치아를 깎아서 다리 모양(Bridge)으로 인공 치아를 연결하는 방식입니다. 시술은 임플란트보다 간편하고 회복기간도 짧지만, 삭제된 치아의 수명이 짧아진다는 단점이 있습니다.

그래서 보통 잇몸상태와 비용 등의 문제로 임플란트를 선택하지 못할 경우에 차선책으로 진행하게 됩니다.

브릿지는 임플란트와 달리 금, 세라믹, 메탈 등 다양한 재질이 있어 폭넓게 선택할 수 있습니다.

라미네이트

네일아트를 떠올리면 쉬운데, 치아 표면을 삭제한 후 손톱처럼 얇은 세라믹 재료를 접착하는 시술입니다. 앞니가 벌어졌거나 크기가 잘 맞지 않지 않아 심미적으로 개선하기 위해 주로 시행하게 됩니다.

너무 하얀색에 맞추기보다는 주변 색과 조화를 이루는 것이

| 그림 9 | 주요 보철치료의 분류

	용도	종류
크라운	한 개의 치아가 심하게 손상되거나 오래된 보철물을 교체할 때, 신경치료를 받는 곳 등	금, 합금, 세라믹
브릿지	치아가 상실된 곳의 양 옆을 깎아서 연결된 보철물로 채워줌	금, 합금, 세라믹
라미네이트	치아를 삭제한 후 얇은 세라믹 재료를 붙여서 모양과 색상을 보완	세라믹
틀니	치아가 많이 빠져서 제대로 씹을 수 없을 때 부분 혹은 전체 치아를 대체	부분틀니, 전체틀니, 임플란트 틀니

좋고 다량의 라미네이트는 오히려 부자연스러운 모습을 보일 수 있습니다. 앞서 충분히 설명 드렸죠?

틀니

틀니는 누구나 알고 있지만 어떤 장단점이 있는지 잘 아는 사람은 드문 것 같습니다. 사실 틀니는 자연치아의 잠재적인 파괴자라고 할 수 있습니다. 전체틀니가 아닌 이상 남아있는 치아에 고정시키게 되는데, 치아가 과도한 힘을 받아 빠지게 되면, 그 앞쪽으로 걸고, 또 앞쪽으로 옮겨 걸면서 남아있는 치아까지 모두 망가뜨리는 사례가 아주 많습니다.

그래서 잇몸뼈가 충분하고, 비용적인 여유가 있다면 틀니는 최대한 늦추고 임플란트를 선택하는 것이 남아있는 치아를 살릴 수 있는 가능성을 더 높게 합니다.

틀니를 사용한다면 치아와 잇몸 사이를 최대한 헐겁지 않게 합니다. 마찰로 인해 염증이 생길 수 있으니까요. 틀니 전용 칫솔과 치약을 기본적으로 사용하고 자기 전에는 세정제로 씻은 뒤 습기가 많은 통에 넣어 보관하는 일이 습관이 되어야 합니다. 틀니는 잠재적인 파괴자라고 했죠? 최소한 일 년 한번은 치과를 들러주세요. 틀니와 구강 상태가 이상이 없는지 확인해 볼 필요가 있으니까요.

| 수복 치료, 무엇을 어떻게 선택할까?

금으로 수복재료를 사용했다면 금의 파편 등이 떨어져 나오는 것을 경험하신 분들이 계실 것입니다. 보철물 중에서 가장 강한 힘을 견디는 것은 단연 금입니다.

하지만 금은 치아와 이질적인 성질을 가지고 있습니다. 서로 다른 재질을 접착제로 맞붙여 놓았기 때문에 잘 깨지진 않지만 쉽게 떨어져나가는 것도 금 재질입니다.

세라믹과 레진 계열은 금만큼 강도가 높지 않지만 치아와 성질이 비슷할 뿐더러 잘 붙는 접착제를 사용할 수 있죠. 그래서 무조건 금이 강하고 오래간다고 생각하기 보다는 자신이 단단한 것을 자주 씹는다면 금 재질을, 잘 유의해서 오래 사용하고자 한다면 세라믹과 레진계열을 고려하는 것이 좋습니다.

치아를 수복하는 방법과 재료에는 워낙 다양하고 많은 종류들이 있습니다.

그래서 충치 부위를 때우거나 씌울 때 하는 치료를 간단하게 아말감, 레진, 인레이 치료로 나누면 이해하기 좀 더 편합니다.

아말감

가장 오래된 수복 재료입니다. 제가 어렸을 때만 해도 어금니에 충치가 생기면 치아를 파내서 아말감을 넣고 다져주는 치료가 가장 많았습니다.

보험 적용으로 가격이 상당히 저렴하다는 장점이 있죠. 다만 충치가 작더라도 많은 부분을 파야하고, 색깔이 검기 때문에 충치가 주변에 퍼져도 치과에서도 자칫 못보고 넘어갈 수 있습니다. 또 수은과 같이 몸에 좋지 않은 성분이 함유되어 인체 유해성 논란이 여전히 남아 있습니다.

레진

아말감과 반대되는 재료라고 보면 됩니다.

치아 색과 유사하고 치료 부위만 최소한으로 삭제하기 때문에 심미적으로 뛰어납니다. 접착력이 강하고 시술도 간편해서 당일 치료가 가능합니다. 그러나 비용이 아말감에 비해 보통 10배 정도 입니다.

인레이

충치가 너무 커서 넓은 부분을 메워야 할 때 사용합니다. 충치 부위를 삭제한 모양 그대로 다듬어서 채워주는 방식입니다.

그래서 저는 환자들에게 충치가 작으면 레진을, 크다면 인레이를 추천합니다.

재료는 금, 세라믹, 레진 계열로 나뉘는데, 금이 가장 단단하고 세라믹은 치아 정도 강도이며, 레진은 비교적 약한 편입니다.

수복치료도 이제 심미적인 부분을 잘 고려해야 합니다. 보철물도 확실히 예전보다 금 재질을 피하려는 경향이 커졌습니다. 강하긴 하지만 예쁘지 않으니까요.

한 번은 80세가 넘은 할아버님이 내원하셨는데 이미 많은 금 보철물을 하고 계셨습니다. 치료가 추가로 필요해서 금니 치료를 말씀드렸더니 '하얀색' 재료가 있느냐며 찾으셨습니다. 그래서 치아 색에 가까운 재료를 보여드리고 설명해드리니 곧장 선택하셨고 시술 후에도 정말 만족해하시더군요.

말씀은 안하셨지만 오랫동안 반짝이는 보철물을 신경 쓰며 지내온 건 아닐까 생각이 들었습니다. 이제 어르신 분들도 사회생활과 친목활동을 활발히 하는 시대이니 말끔하고 자신감 있는 모습을 위해 심미적인 치료를 원하시는 것 같습니다.

보철아, 어디로 사라진 거니?

보철물의 보장기간은 정해진 룰이 없습니다.

예를 들어 3~4개월 만에 이유 없이 떨어져 나왔다면 치과에서 다시 해주는 것이 맞다고 생각합니다. 그런데 3년 이상을 쓰다 깨지거나 떨어졌다면 치과 치료만의 문제라 할 수는 없겠죠. 병원도 환자도 객관적인 기준을 가질 수 있는 게 중요해 보입니다. 사람 몸이 가전제품은 아니지만, 보통 TV같은 제품도 1년을 보장해준다고 보면 그 정도에서 서로 합당하게 받아들일 수 있지 않을까 싶습니다.

보철물을 오랜 기간 사용했다면 치아와의 사이에 틈이 생겨서 음식물과 세균이 들어가게 됩니다. 방치하면 부패가 일어나고 치아 내부가 상해 부러지기도 하죠. 그래서 치과에서는 씌운 지 10년 정도가 지나면 정밀한 검사를 하고, 보철물을 제거해서 안쪽 치아 상태를 확인한 후 재수복하는 것을 권장합니다. 보철물도 일종의 유통기한이 있다고 할까요?

또한 보철물이 떨어졌다면 치과로 일단 가져오세요.

다시 부착해서 사용할 수 있는지 확인해보는 것이 좋습니다. 깨짐이 없이 그대로 떨어져 나왔다면 대부분 재부착이 가능합니다.

보철물의 재치료의 문제는 대부분 환자와 병원 사이에 대화 부족해서 발생합니다.

"저는 잘 모르니 선생님이 다 알아서 해주세요."

의사를 신뢰하는 측면만 본다면 그 말이 명제일수도 있죠. 하지만 자신이 어떤 치료를 어떻게 받는지에 대한 의사소통이 부족하게 되면, 이후에 치료의 결과와 비용에서 후회하는 경우가 생길 수 있습니다.

치료할 때 서로 받아들일 수 있는 합당한 부분에 대해 논의를 하는 것이 좋습니다. 보장기간과 재치료 등에 대해서 먼저 물어보세요. 미리 알고 있으면 안심이니까요.

| 미세한 치아 성형, 어떻게 하면 좋을까요?

치아가 벌어졌거나 깨져있다면 거울을 볼 때마다 신경이 쓰이고, 대인 관계에 영향을 받기도 합니다. 그런데 미세한 부분들이다보니 큰 비용들이지 않고 어떻게 치료할지 고민이 된다는 상담이 꽤나 많습니다.

치아사이가 벌어진 경우는 의외로 교정으로 해결이 안 되기도 합니다.

그럴 땐 치아 사이를 메워주는 레진치료와 라미네이트가 오히려 효과적일 수 있습니다.

특히 앞니 부분이 벌어졌다면 레진으로 빈 공간을 채워주거나 라미네이트로 덮어서 크기를 맞추는 방식이 있습니다.

덧니나 송곳니가 있는 분들은 젊었을 때 귀여운 매력 포인트가 되기도 하죠. 그런데 나이가 들수록 덧니는 정리가 되지 않은 느낌을 주게 되고 송곳니가 크면 날카로워 보이기도 합니다. 그래서 성인이 된 후에 이 부분 때문에 고민이 된다는 분들이 상당히 많습니다.

그럼 덧니나 송곳니도 그곳만 시원하게 깎아내 버리면 되지 않을까요?

하지만 그 부분만 드라마틱하게 치료가 가능한 것은 아닙니다. 송곳니는 매우 힘이 강해서 따로 움직이기가 어렵고 깎아내더라도 상당부분을 삭제해야 하기 때문에 미적으로나 기능적으로 더 안 좋을 결과를 가져올 수 있습니다. 그래서 발치 후 교정을 주로 선택하는데 자라난 모양과 원하는 결과가 각각 달라 특히 이 경우에는 개인별 진단, 즉 케이스 바이 케이스로 정밀하게 진행되어야 좋은 치료가 가능합니다.

치아의 미세한 실금이 있다면 치료를 해야 할까요?

치아 균열 증후군이라고 하는 작은 실금이 점점 커지게 되는 이 증상은 실제로 상당히 악화되면 치아가 깨지거나 부러질 수 있습니다. 그래서 미세한 실금이라도 발견되면 신속하게 보철물을 씌우도록 권장하는 곳도 있죠.

하지만 치아는 세월이 흐르며 조금씩 닳기도 하고 금이 생기기도 하는 것은 자연스러운 현상입니다. 저 역시 군데군데 보이는 실금들을 그대로 가지고 있습니다. 별 탈 없이 잘 쓰기도하고 통증을 느끼는 분들도 있기 때문에 천편일률적으로 어떤 치료를 받아야 한다고 콕 짚어 말하기는 어렵습니다.

그래서 치아 균열로 인해 증상이 있는 경우에 치료를 하고, 증상이 없으면 굳이 미리 치료를 할 필요는 없다고 봅니다. 실금이 간 곳에 어떤 증상이 생기느냐에 따라 대응해서 치료를 하는 것이 효율적입니다.

다른 원인이 없고 크랙이 있는 곳에 씹을 때마다 찌릿찌릿한 증상이 있다면 우선 크라운을 씌워보고 괜찮으면 그대로 사용할 수 있습니다. 그래도 통증이 사라지지 않으면 신경치료를 하게 되죠.

치아에 금이 가는 이유는 씹고 깨무는 힘이 강하거나, 이악물기와 이갈이 습관, 외상으로 인한 충격 등이 주원인입니다.

그래서 평소 딱딱하고 질긴 음식은 잘게 부수거나 부드럽게 익혀먹는 것이 좋습니다. 특히 얼음이나 삼겹살에 박힌 뼈, 꽃게 껍질, 견과류 등은 전부 치아에 금이 가게 할 만큼 단단하죠. 우리가 자주 먹는 김치도 엄밀히 말하면 질긴 음식에 속합니다.

우리나라의 식습관은 딱딱하고 질긴 음식을 그대로 씹는 경우가 많기 때문에 이런 극한 직업을 가지고 있는 치아를 좀 더 소중히 다루어 줄 필요가 있습니다.

❸

치아미백

자가 미백 vs 전문가 미백

30대 초반의 잘나가는 자영업자 한 분이 치과를 찾았습니다. 평소에 외모에 자신이 있는 편이었지만 몇 년 점부터 점점 치아가 누렇게 변하더니 이제는 사람들과 이야기 하는 자리에서 편하게 입을 벌리지 못하는 자신을 발견하게 되었다고 합니다.

"전에는 그러려니 했는데 점차 거울만 봐도 스트레스가 생기더라고요.

좋아하는 이성을 만날 때도 자꾸 신경 쓰이고요"

"치과는 별로 안 좋아해서 약국과 온라인에서 온갖 미백 제품을 사용했어요."

하얗고 밝은 치아는 중요한 미적 기준이기 되기도 합니다. 이처럼 치과 방문을 상당히 꺼리는 분이 용기를 냈을 만큼 말이죠.

미백은 치과에서 하는 전문가 미백과 집에서 하는 자가 미백으로 나뉩니다.

치과의사가 직접 미백제를 치아 표면에 바르는 전문가 미백은 다소 비싸지만 빠른 시간 안에 높은 효과를 볼 수 있습니다. 치과에서 본을 뜬 장치를 직접 끼우는 자가 미백은 비용이 적게 들지만 한 달에서 길게는 서너 달 이상의 기간이 필요합니다.

그런데 온라인이나 홈쇼핑 등으로 미백 제품을 직접 구입해서 사용하는 경우에 틀이 잘 맞지 않거나 오히려 치아표면이 마모되는 등 부작용을 불러오기도 합니다. 그래서 효능이 불명확한 미백제품들을 사용하기 보다는 전문의의 도움을 받는 것이 좋습니다.

전문가 미백은 치아의 신경이 살아있는지 아닌지에 따라 비용이 달라집니다. 신경치료가 돼있는 치아는 안쪽까지 미백재료를 넣어 까맣게 변색된 치아를 밝게 회복시켜 주는 추가적인 치료가 필요하기 때문입니다.

전체적으로 색깔이 고르지 못하고 부분마다 차이가 커서 고민이 되기도 하죠.

일부분만 밝게 만드는 미백은 가능할까요?

치아미백만으로는 한 부위만 밝아지게 하는 작용은 어렵습니다. 이 경우 착색문제가 아니라 외상이나 병적인 원인이 있을 수 있기 때문에 먼저 진단을 받고 부분 치료나 크라운 등 보철치료가 필요하기도 합니다.

미백의 효과는 얼마나 지속될까요?

전문가 미백이라도 결국은 원상복귀가 됩니다. 효과가 1년이 가지 못한다는 말도 있는데, 보통 6개월에서 2년 정도로 사람마다 차이가 큽니다. 특히 먹는 음식과 흡연 등 생활습관이 상당한 영향을 줍니다. 그럼 우리가 자주 먹는 음식 중에 치아를 변색시키는 것들은 무엇이 있을까요?

| 커피를 자주 마시는데, 치아 색깔에 영향을 주나요?

이제는 국민음료라고 불러도 될 커피에도 착색 물질은 꽤나 들어 있죠.

누런 이는 선천적으로 갖기도 하지만 이렇게 색이 진한 음식들로 생기는 경우가 많습니다. 식습관에 따라 차이가 나게 되죠. 특히 녹차, 콜라, 과자 등 식용색소가 들어있는 음식들, 그리고 담배 연기는 치아를 빠르게 변색시킵니다. 이런 음식을 먹은 후에는 바로 물로 헹궈주는 것이 변색을 막는데 도움이 됩니다.

미백효과까지는 아니지만 스케일링으로도 커피, 담배 등으로 인한 단순 착색은 어느 정도 벗겨낼 수 있습니다. 치석을 제거하면서 치아 표면에 붙은 색소를 씻어내는 것입니다.

그러나 스케일링으로는 많은 기대를 할 수는 없습니다.

그럼 하얀 치아를 위해서 커피는 끊어야할까요?

약간의 착색을 막기 위해 스트레스를 받는다면 곤란하겠죠. 평소 즐겨 먹는 음식을 아예 피하는 것 보다는 입 헹굼을 잘하고, 필요하다고 판단되면 치과에서 미백 상담을 받는 것이 더 마음 편하지 않을까 생각합니다.

'피할 수 없다면 즐겨라' 라는 말이 있지만 여기에 좀 더 어울리는 말을 찾자면

'피할 수 없다면 입을 헹궈라'

어때요. 걱정이 좀 사라지셨나요?

그래도 고민되시나요? 그럼 치과의 문을 두드려 보세요. 똑똑똑!

4

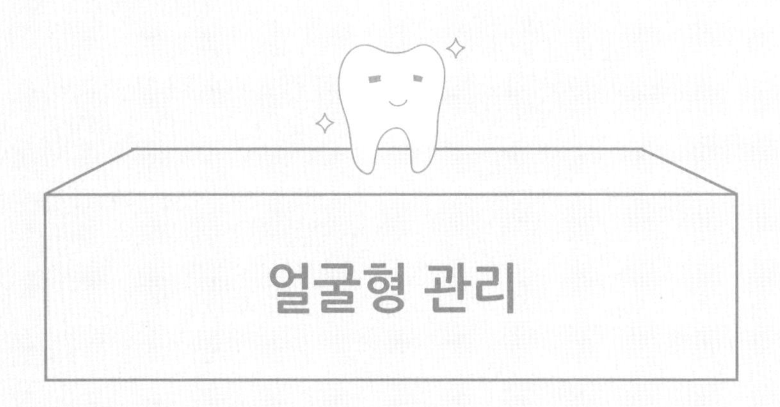

얼굴형 관리

| 거울아 거울아 세상에서 누가 제일 비대칭이지?

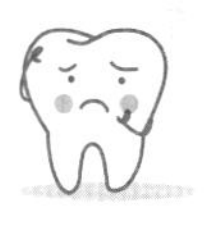

20대의 이 아름다운 여인은 거울만 보면 버릇처럼 묻곤 합니다.

"거울아 거울아 내 얼굴은 비대칭일까?"

"몰라서 물어? 넌 태어날 때부터 비대칭이었거든!"

거울 속에서 답한 사람은 누구일까요? 그건 바로 자기 자신입니다. 사실 타인의 눈에는 심각하지 않은데 본인 혼자 고민하는 경우도 꽤나 있으니까요.

얼굴 사진을 정면으로 찍어서 절반으로 겹쳤을 때 좌우가 똑같은 사람은 거의 없습니다. 세계최고의 미인이 물어봐도 거울은 같은 답을 할 수밖에 없는 것입니다.

안면비대칭은 얼굴의 좌우가 삐뚤게 보이는 상태입니다.

진료를 하다보면 턱의 균형 때문에 교정을 원하는 분들을 만납니다. 하지만 저는 얼굴의 비대칭 때문에 교정을 진행하는 것은 좋지 않다는 생각입니다. 대부분 일상생활에 영향을 줄 정도가 아닌 경미한 비대칭을 보이기 때문입니다.

그래서 평소 식습관과 자세, 심리적인 관점을 바꿔간다면 대게는 적극적인 치료가 필요하진 않습니다.

생활습관이 불균형한 턱 모양을 만들기도 한다는 사실 아시나요?

딱딱하고 질긴 음식을 자주 먹으면 교근을 두껍게 만들고 사각턱 모양으로 발달시킬 수 있습니다. 특히 한쪽으로만 음식을 씹는 습관은 한쪽의 교근만 커지게 해서 불균형한 턱모양을 갖게 하기도 합니다. 교근이 유난이 발달해서 인상이 강해보이는 사람들의 경우 보톡스를 통해 얼굴이 다소 가름해지는 효과를 볼 수는 있습니다.

그럼 안면비대칭으로 정말 치료가 필요한 사람들은 어떨까요?

턱뼈 자체가 한쪽만 큰 경우, 교근이 심각하게 불균형하거나 커진 경우, 턱관절의 뼈가 염증 등으로 녹아서 한쪽으로 기울어진 경우 등입니다. 하지만 이런 케이스들은 일반적으로 이루어지는 교정치료로는 효과를 보기 어렵습니다. 각 원인에 대해 원천적으로 제거할 수 있는 수술이 필요합니다.

| 예쁜 턱 모양을 갖고 싶다면

턱을 갸름하게 하려면? 살을 빼라 경락을 하라 치아교정을 하라 참 다양한 설 들이 있습니다. 사실 턱의 모양 자체는 아래 턱 뼈의 골격이 결정하게 됩니다. 때문에 이 부분의 외과적인 시술을 거치지 않고서는 모양 자체를 변화시키기가 어렵습니다.

치아교정으로도 골격으로 인한 원인을 해결하는 것은 한계가 있는 것입니다.

안면윤곽술? 얼굴형 관리에 관심이 있다면 익히 들어봤을 것입니다.

얼굴의 전체적인 조화를 잡아주는 방법으로 많이 소개되고 있죠. 사실 이것은 양악수술, 광대축소, 우각부 성형, 이부성형 등 얼굴의 뼈를 변형시키는 성형시술들을 뭉뚱그려 표현한 단어입니다.

요즘 V라인이라는 말도 흔해졌습니다. 많은 사람들이 더 갸름하고 작은 얼굴형을 원하기 때문인 것 같습니다.

그런데 턱 일부분만 잡아줘도 얼굴라인에 효과를 볼 수 있는 경우가 있습니다.

우각부 성형술은 턱의 각진 부위를 잘라내서 브이라인으로 얼굴선을 개선하는 시술입니다.

주로 심한 사각 턱을 가진 분들이 좀 더 완화된 턱 선을 갖고자 하는 경우에 고려해 볼 수 있습니다.

이부성형은 아래 턱 끝 부분을 잘라내서 앞뒤로 위치를 옮기게 됩니다. 특히 무턱이거나 돌출형의 경우 턱 끝을 이동시켜 잡아주게 됩니다. 그래서 옆에서 볼 때 턱이 알맞은 위치에 가도록 변화를 주는 시술입니다.

그러나 약간이라도 얼굴 부위의 뼈를 깎아내는 작업은 결코 만만한 수술이 아닙니다.

무조건 미를 위해 수술만 강행하지 않는 것이 정말 중요합니다. 과도한 욕심과 무리한 수술은 오히려 부작용을 발생시킨다는 것은 잘 알고 계실 것입니다. 치료를 위한 비용도 만만치 않아 신중한 판단이 필요하죠. 시술을 생각한다면 개개인에 맞는 진단과 시술 후에 원하는 모습을 전문의와 충분히 논의하고 계획한 후에 시행하는 것이 당연하겠죠.

| 양악수술을 하는데 왜 치과를?

알려진 것과 달리 양악수술은 본래 치과의 영역입니다.

예전에는 주걱턱이나 무턱을 치료하기 위해 치과에서 교정과 함께 턱 모양을 잡아주는 수술이었는데, 점차 얼굴 라인을 갸름하게 해주는 수술로 각광 받으면서 성형외과에서 해야 한다는 인식이 자리 잡게 되었죠.

그러나 교정과 교합에 관한 부분은 치과의사들이 전문화되어있기 때문에 성형외과에서 양악수술을 받더라도 이후에 대부분 치과의사와 협진을 하며 진행하게 됩니다.

그런데 심미적인 이유로 선택하는 경우가 많아 유명성형외과의 간판을 보고 찾기도 합니다. 이는 정작 중요한 교정과 교합을 잘 맞출 수 있는지에 대한 부분을 간과하기 쉽습니다. 식사를 잘 하고 기능적인 이상이 없는 것이 우선입니다. 원하는 만큼 예뻐졌지만 기능적인 면을 놓치면 엄청난 불편함을 갖게 되니까요. 그래서 양악수술 후 반드시 치과 치료가 적절하게 병행되어야 합니다.

양악수술은 위험한 수술에 속합니다. 특히 턱 아래로 동맥이 지나가기 때문에 그 부위를 잘못 건드리면 심각한 출혈이 발생할 수 있습니다.

또 턱뼈 부분을 깎는 수술시 신경이 손상되는 경우도 종종 발생합니다. 안면 마비가 나타날 수 있고 노출된 신경이 손상을 받게 되면 평소 잘 느껴지는 것들이 수술 후 감각저하로 이어질 수 있습니다. 입술에 뭐가 묻었는데 알지 못하게 되는 사례가 대표적이죠.

제가 만약 수술을 해야 한다면 대학병원의 구강악안면외과를 갈 것 같습니다. 걱정 없이 수술할 수 있기 때문입니다.

물론 심미적인 측면은 성형외과가 전문적이고 충분히 실력 있는 분들도 많습니다. 그러나 안전성과 기능적인 면을 고려한다면 치과에서, 특히 구강악안면외과 전문의에게 받는 것이 좋다고 봅니다.

5

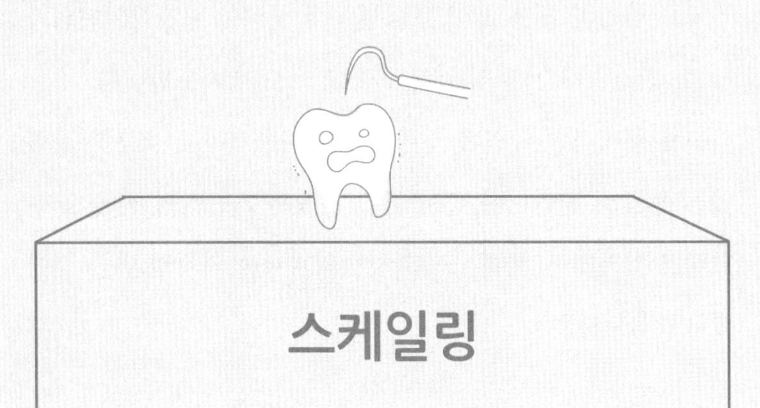

스케일링, 그것이 알고 싶다!

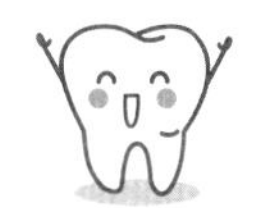

스케일링은 가장 큰 오해를 받는 치과 치료 중 하나입니다.

첫째로 치아를 하얗게 만들어 주지는 않습니다.

스케일링은 치아에 붙어 있는 치석을 깨끗이 제거하는 작업입니다. 미백효과가 있다고 오해하시는 분들이 의외로 많습니다. 솔직히 고백하자면 저 역시 치과의사가 되기 전에는 그렇게 생각했습니다. 고등학생 때였는데 하얀 치아 색을 갖고 싶은 마음에 화이트닝 치약도 써보고 스케일링을 받기도 했답니다. 그러나 앞서 설명 드린 대로 단순착색을 어느 정도 벗겨내는 것 이상을 기대할 수는 없습니다.

둘째, 치석은 칫솔질이나 약품 등으로 제거할 수 없습니다.

치석은 미생물과 침, 음식물들이 얽혀 돌덩이처럼 치아 표면에 달라붙게 되는데, 미생물들이 그곳에 숨어 살면서 독소를 신나게 내뿜게 됩니다. 그럼 점점 치조골이 망가져서 잇몸이 붓고 피가 나게 되는데, 그렇게 오랜 시간이 흐르면 치아가 흔들리고 빠지는 등 입 안 전체가 큰 위험에 처합니다. 정말 끈질기고 독한 녀석들이죠.

이렇게 돌덩이처럼 단단한 치석은 초음파로 깨부숴줘야 합니다. 치태와 플라그는 양치질로 벗겨낼 수 있지만 단단한 치석으로 변하면 치과에서 스케일링을 받는 것이 유일한 제거방법입니다.

셋째, 치아를 닳게 해서 시린 증상을 가져오지 않습니다.

스케일링 이후 오히려 시리고 불편하다는 분들도 계신데 지극히 자연스러운 증상입니다. 치석으로 쌓여있던 상아질이 노출되다 보니 그렇게 느껴지는 것입니다. 방청소를 하면서 먼지를 걷어내고 쓸모없는 물건들을 싹 다 버리면 휑한 기분이 드는 것에 비유한다면 적절할까요.

얼마 전에 30대의 젊은 엄마 한 분이 치아가 많이 시리고, 흔들린다며 내원하셨습니다. 자녀 양육으로 자신의 치아를 돌볼 겨를이 없어 거의 방치해두었고, 잇몸질환이 심각하게 진행되어 상당량의 치아를 발치해야하는 상황까지 이르게 됐습니다.

그러나 스케일링은 치아에 금이 가게하고, 더 시려진다는 말을 들은 후 한 번도 받지 않았다고 합니다. 그 환자분을 보면서 상당히 안타까운 생각이 들었습니다. 정기적인 구강 검사와 스케일링만 제대로 받았다면, 대부분의 치아를 보존할 수 있었기 때문입니다.

특별한 증세가 없어도 최소한 1년에 한번은 스케일링을 받는 것이 좋습니다. 잇몸이 점점 약해져 치아가 흔들리는 것보다 잠시 시리고 불편한 것이 훨씬 낫기 때문입니다.

그래도 스케일링이 두려우신가요?

그렇다면 마취용 가글이라는 방법도 있습니다. 스케일링 전에 가글로 입 안을 마취해 시리고 찌릿찌릿한 느낌을 완화시켜주는 역할을 하죠. 스케일링 통증으로 불편해했던 분들이 좀 더 편안하게 받게 됐다고 만족해하는 방법입니다.

스케일링, 그런데 말입니다!

스케일링은 보통 누구나 1년에 한두 번이 적당하다고 생각합니다. 하지만 정확히 말하면 꼭 그렇지도 않습니다. 치석이 쌓이는 속도에 개인차가 있기 때문입니다.

청소년들도 치석이 많이 생기는 경우에는 매달 한 번씩 받기도 합니다. 중년 이후에도 어떤 분들 중에는 몇 년이 지났는데 깨끗한 상태를 유지하기도 합니다. 입안에 치석이 쌓이는 속도는 나이와 무관합니다. 의아하죠? 어떤 사람은 치석이 빨리 채워져서 3개월 마다 치료가 필요하기도 하고 어떤 사람은 3년이 지나도 괜찮기도 하니 말입니다.

그래서 나이와 상관없이 자신에게 맞는 스케일링 주기를 알아보는 것이 좋습니다.

스케일링으로 치석을 제거한 후, 다음 스케일링을 받을 때 어느 정도 치석이 쌓여있는지 치과의사에게 한 번 물어보는 것도 좋은 방법입니다. 그렇게 자신에게 맞는 스케일링 주기를 파악하고 시기를 조절할 수 있으니 더욱 효율적이겠죠.

잇몸 스케일링?

잇몸 바깥쪽뿐 아니라 보이지 않는 안쪽까지 치석제거가 필요하다면 앞서 소개해드린 큐렛(치근활택술)이라는 시술이 있습니다. 잇몸에 치석이 많은 체질이거나 피가 날만큼 좋지 않은 경우 잇몸 안쪽까지 청소할 수 있어서 도움이 됩니다.

치석의 위치는 보통 잇몸 위와 아래 부분으로 나뉘는데 아래에 쌓인 것들은 일반 스케일링으로는 제거가 되지 않습니다. 그리고 스케일링 장비가 거기까지 들어가면 통증이 심하죠. 그래서 치과의사와 상의를 한 후 마취를 하고 낫 모양의 기구로 잇몸 안쪽까지 긁어내는 작업을 합니다.

치석이 깊이 생기는 분들이 받는다면 잇몸병 예방에 큰 도움이 될 수 있습니다.

| 그림 10 | **잇몸스케일링**

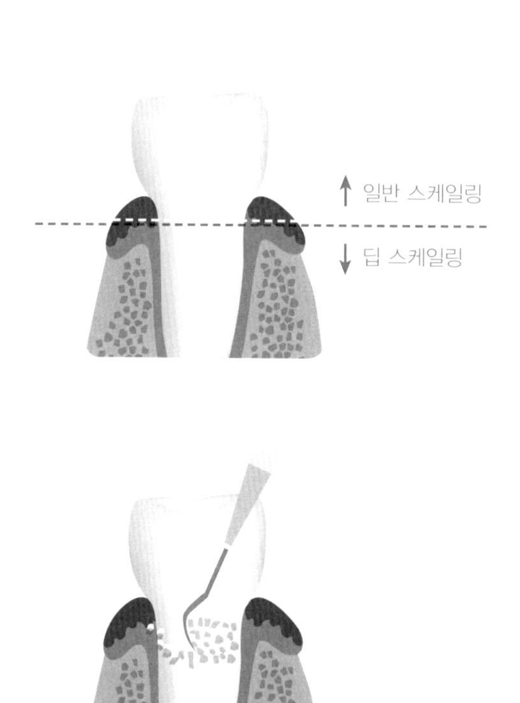

치근활택술

치석이 잇몸 아래까지 쌓인 경우 치근활택술을 고려해 볼 수 있다

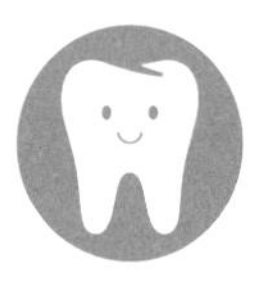

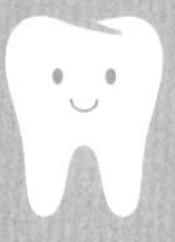

part 3

평생 비용 절감

❶

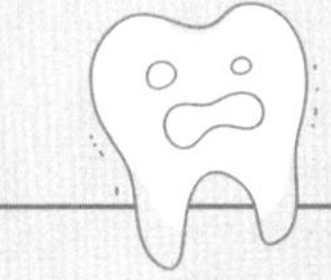

목돈이 들지 않는 치과 치료

| 치과 마음대로?

비용절감을 위해 치과들의 가격을 비교해 본적이 있으신가요?

같은 치료라면 누구나 조금이라도 저렴하게 하는 곳을 원합니다. 그러나 치과 치료를 마트에서 쇼핑하듯이 선택하는 것은 가장 피해야 할 기준입니다. 단가만을 놓고 비교하는 것은 자칫 비용 부담을 거꾸로 가중시킬 수 있으니까요.

예를 들어 A치과는 7만원, B치과는 10만원이라면 마트처럼 생각하면 누구라도 A를 선택할 것입니다.

하지만 B치과에서 한 번에 끝낼 수 있는데 A치과에서 추가 시술이 필요하다고 해서 오케이를 받아낸다면 치료 기간과 비용은 더 늘어나게 됩니다. 그래서 여기는 임플란트가 얼만데 저기는 얼마네 더 싼 곳으로 가자 이렇게 단순 비교를 하면 오히려 손해를 볼 가능성이 커지게 됩니다.

일부이지만 실제로 하지 않아도 되는 경우에도 임플란트 시술을 진행하기도 합니다. 발치 역시 피할 수 있는데도 권장되기도 하고요.

대중교통을 이용하다보면 보게 되는 엄청난 혜택의 치과 광고들. 파격적인 가격, 빠른 시술. 귀가 솔깃합니다. 왠지 그런 곳에서 해야만 할 것 같기도 합니다. 하지만 알고 계신가요? 결국 광고비는 진료비에 포함되기 마련입니다. 광고비 지출이 크면 환자의 회전속도와 소위 객단가를 높여 투자비 이상의 수익을 내야 합니다. 자칫 과잉진료 혹은 부실진료 등의 가능성이 커질 수 있다는 것입니다.

자신이 받은 치료에 대해서는 환자가 이해가 되지 않으면 치료 전후의 달라진 구강 사진을 보여주는 것이 보통입니다. 고가의 치료를 받고도 어떤 방법과 재료로 진행 되었는지 알 수 없다면 소통에 문제가 있었던 것이죠.

시술 전 납득이 되지 않는 부분에 대해서는 주저하지 말고 물어봐야 합니다. 그래도 잘 모르겠다면 일단 보류하는 것이 좋습니다. 본인이 원하는 것이 무엇인지 밝히고 치료 방법에 대해서 의사에게 충분히 물어본 후 납득이 되면 진행을 해야겠죠.

물론 당장 치료가 필요한 부분은 신속하게 시작해야 합니다. 하지만 급하지 않은 고가의 치료라면 서두르지 말고 설명을 충분히 들어보세요. 그래도 늦지 않습니다.

대학병원 vs 개인병원

어디로 갈지 고민이신가요?

대학병원과 개인병원! 많이 헷갈리는 부분입니다. 예를 들어 사랑니 하나를 뽑으려고 대학병원을 찾아가시는 분들이 계십니다. 치과에서 사랑니를 발치할 수 있음에도 대학병원을 권장하는 경우가 있기도 합니다. 사랑니 치료를 피하는 것은 수가가 낮고 사고의 위험도 있기 때문입니다. 그러나 대학병원은 일단 오래 기다려야 하고, 비용도 일반병원보다 비쌉니다. 개인병원에서도 담당분야를 전공한 선생님들을 찾아간다면 안전한 발치가 가능합니다.

병원의 선택은 환자의 선택이 우선이지만 저는 일단 동네치과를 먼저 추천합니다. 환자입장에서도 평소 꾸준히 다니기에 대학병원은 부담스럽고 번거로움을 느낍니다.

큰 수술과 전신마취 등 대학 병원에서 맡아야 할 정도가 아니라면 대부분의 치료는 개인병원도 무방합니다. 필요한 장비와 환경의 차이이지 실력의 차이는 아니기 때문입니다.

그래서 동네치과에서 진료를 먼저 받고 좀 더 까다로운 치료들은 해당 과목의 전문의가 있는 개인병원을 찾는다면 상당부분을 커버를 할 수 있습니다.

크고 중요한 시술이 필요할 경우에 대학병원 등 상급병원을 찾는 진료순위를 둔다면 더욱 효율적으로 치료를 받을 수 있습니다.

고비용 치료를 피하는 방법

"천만 원이요?"

우리에게 천만 원은 여전히 매우 큰돈입니다. 그런데 임플란트, 보철치료 등의 치료에 천만 원이 넘는 비용을 썼다는 이야기를 종종 듣게 되곤 합니다. 누구라도 주변의 이런 사례를 접하면 고가의 치료들이 필요할 때 망설여질 수밖에 없습니다. 아니 치과에 가는 일조차 꺼려지게 되죠.

의사인 저희들은 어떨까요? 저도 이와 같은 이야기를 들으면 참 마음이 편하지 않습니다.

그런 일이 일어나기 전에 방지를 하기위해 이렇게 외치는 것입니다.

일과 가정, 자녀 등 이런저런 이유로 치과에 가는 걸 망설이다 어느덧 40대가 넘고 50대가 되어 찾게 됩니다.

"제가 이제 좀 몸을 돌아볼 때가 된 것 같아 이렇게 치과를 찾았습니다."

중년 분들의 고백 같은 이야기를 치과의사들은 종종 듣게 됩니다. 그런데 아쉽게도 잘 못 생각하신 겁니다.

몸을 돌아볼 나이는 절대 50대 이후가 아닙니다. 특히 치아에 관해서는 더더욱 말입니다. 그때는 이미 돌이키기 힘든 경우가 다반사이니까요. 기본적인 관리만 잘했어도 괜찮았을 잇몸이 깊이 병들어 치아가 모두 흔들리게 되면, 왜 그동안 치과를 찾지 않은 것인지 좌절감마저 느끼게 됩니다.

"임신과 출산을 하고 아이를 키우느라 신경을 쓸 여력이 없었어요. 저 보다 아이들이 아파서 얘들 돌보는 데만 매달려왔어요."

정말 안타까운 경우였습니다. 평범한 50대 주부셨죠. 치아가 흔들려 고통스럽다며 찾아왔습니다. 방사선사진으로 본 상태는 너무나 절망적이었습니다. 믿기지 않게도 거의 모든 치아를 발치해야하는 상태까지 치조골이 망가져 있었습니다.

정기적인 검사와 스케일링만 받았더라도 대부분의 치아를 유지할 수 있었을 텐데 말입니다. 다른 일들도 중요하지만 나 자신의 건강이 무엇보다 중요합니다. 내가 건강해야 이후에 오히려 자식들에게 더 부담이 되지 않는다는 사실도 잊지 마세요.

"1년에 만원이면 치과에 돈을 쓸 일은 더 이상 없습니다."

어느 치과 의사의 이야기입니다. 좀 과장인 것 같죠? 파노라마 사진과 스케일링으로 잇몸 상태를 점검하는 것만으로도 목돈이 드는 치료를 막을 수 있으니 무작정 과장된 이야기는 아닙니다. 그만큼 정기적인 점검이 중요하다는 의미입니다.

심미치료, 부담을 줄이세요!

예뻐 보이는 치아를 갖고 싶은 건 자연스러운 욕구입니다. 그러나 과한 욕심으로 필요하지 않은 고가의 심미치료를 감행하기도 합니다.

특히 인터넷 등으로 얻은 정보에 상당히 의존하곤 합니다. 전문가들이 올린 내용도 있지만 어떻게 하니 앞니가 정돈되더라, 치아성형으로 대부분 해결 되더라 등 전혀 근거가 없는 무슨 무슨 설처럼 흘러 다니는 글들도 많은 것 같습니다. 그렇게 불확실하고 일관적인 미를 추구하다 보면 치료비가 상당히 높아질 수 있습니다. 유행하는 심미치료에 과하게 집착해서 부작용이 생긴 사례도 상당히 많죠.

치아는 원래 조금 삐뚤기도 하고 백지처럼 하얀색이 아니라 약간 노란 빛깔이 나는 것이 정상입니다. 그런 치아를 인공적으로 하얗고 반듯하게 만드는 것은 누가 보이기에도 상당히 부자연스럽습니다. 자신감 있는 치아를 원한다면 자연치아가 가장 좋습니다.

앞서도 이야기했듯이 미용을 위한 심미치료를 계속해서 받다보면 겉보기에는 예쁘게 보일 수 있지만 안을 들여다보면 잇몸이 상당히 망가지고 약해져있는 경우가 많습니다.

예뻐지는 건 좋은 일이지만 충분한 고민도 그 만큼 필요하겠지요?

제가 대형 체인 치과에서 근무한 시절에는 멀리 지방에서 올라와서 하루 종일 원데이 치료를 받고 내려가시는 분들이 꽤나 있었죠. 그런데 그게 문제가 생겨서 다시 올라와서 재차 치료받게 되면 시간과 비용은 배로 들고 급하게 받은 치료로 인해 기대만큼 만족스럽지 않게 나온 경우를 수차례 봐왔습니다.

물론 단순한 심미치료는 하루 안에 신속하게 진행할 수 있습니다. 그러나 이런 경우는 동네에 있는 믿을만한 치과라면 충분하기 때문에 미용을 위한 원정치료는 지양하는 것이 좋습니다.

심미치료가 필요하다고 판단된다면 먼저 자신이 평소 다니는 동네 치과를 먼저 찾아가 보세요. 자세한 상담을 받고 그곳에서 커버가 되지 않는 것은 좀 더 시설과 규모가 갖춰진 곳으로 순차적으로 진행하는 것이 비용적으로나 편의성에서 훨씬 더 도움이 될 수 있습니다.

❷

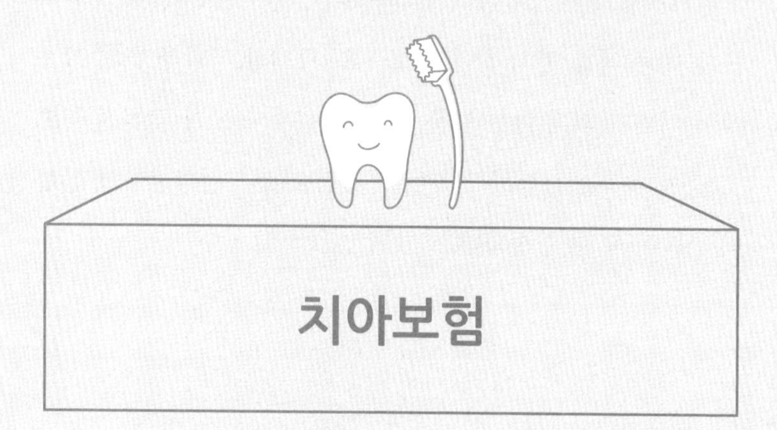

| 치아보험! 알고 계신가요?

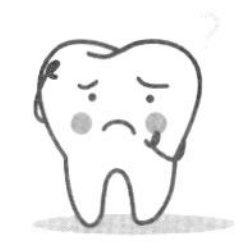

결론부터 말하면 치아보험을 따로 들어둘 필요는 없다고 생각합니다.

"광고 내용하고 다르게 제약 사항들이 너무 많던데요?"

진료실에 있다 보면 치아 보험에 대해 자주 듣게 되는 이야기입니다.

치료 후 비용을 계산하면서 생각보다 보장되는 범위나 금액도 적다는 것을 알게 되는 경우가 많습니다.

특히 현재 치아보험의 가장 큰 맹점은 실직적인 치료가 필요한 사람이 혜택을 받기 어렵다는 점입니다. 알뜰하게 꼭 필요한 부분들을 잘 보장해준다면 좋겠지만, 대부분 치료 부위의 개수, 방법에 따라 약관이 제각각이고 기존 건강보험과 겹치는 부분도 많죠. 그래서인지 지불하는 만큼 보장성이 있다고 느끼는 사람은 많지 않은 것 같습니다.

저는 개인적으로 기존 건강보험에 치과 치료가 더욱 보장이 되었으면 합니다. 특히 자연치아를 보존하는 치료에 대해 보장을 최대한 확대해서 병원에 합당한 수익을 보장한다면 과잉, 과다 진료를 줄일 수 방법이 될 수 있을 테니까요. 예를 들어 몇 년 전부터 보험 적용된 스케일링은 1년 주기로 정기검진을 받는 환자가 많아져 국민 건강에 보탬이 되었다는 생각이 듭니다.

자연치아를 살리는 잇몸치료, 신경치료 등의 건강보험 비중이 높여간다면 치과 역시 좀 더 안정적인 매출구조를 갖게 될 수 있습니다. 지금까지는 대부분 낮은 수가로 저렴한 치료와 보철물 치료를 지원하는 방식이었기 때문에 환자들에게 좋은 진료가 가기 오히려 어려웠던 점이 있습니다.

물론 치과 비용의 대부분을 세금을 통해 부담하는 것이 만사는 아닙니다.

유럽의 일부 복지 국가들은 치과의사가 열심히 일해도 수익이 늘지 않아 해외로 떠나거나 의료수준이 떨어져 버리는 부작용이 일어나기도 했습니다. 환자를 많이 봐야 수익은 별 차이가 없기 때문에 치과 예약도 받기가 어려워진다고 합니다. 어떤 프랑스 유학생은 현지에서 치과 예약이 너무 오래 걸려서 치료를 받기 위해 한국으로 돌아오는 경우도 보았습니다.

그러나 현재 우리나라에서 치과에 적용되는 건강보험의 범위는 아직 갈 길이 멀다는 생각이 듭니다. 국가가 보장하는 건강보험으로 자연 치아를 오랫동안 유지하는 분들이 더욱 늘어나길 치과의로서 소망해 봅니다. 그렇게 되면 동네 치과도 주치의처럼 오랫동안 서로 신뢰하며 다닐 수 있는 환경이 좀 더 갖춰질 수 있으니까요.

건강보험이 적용되는 진료들은?

스케일링

만 20세 이상 성인은 누구든지 1년에 한번 스케일링을 국민

건강보험에 적용 받을 수 있습니다. 그런데 연 1회 기준일이 매년 7월 1일부터 다음해 6월 30일까지로 설정돼 있어 본인이 이미 보험적용을 받았는지를 기억하지 못하는 불편함이 있었습니다. 그래서 국민건강보험 홈페이지에서는 스케일링 대상이 되는지를 확인할 수 있는 조회서비스가 시행되고 있습니다.

- **방법**: 공단 홈페이지(www.nhis.or.kr)에서 공인인증서 본인 인증 로그인
- **경로**: 사이버민원센터/민원신청/보험급여/치석제거 진료 정보 조회
- **항목**: 치석제거 대상여부, 비대상인 경우 기존 진료내역
- **비용**: 보험으로 스케일링을 진행하는 경우, 의원급의 경우 약 15,000원 정도

임플란트 & 틀니

– 임플란트

임플란트는 치료를 받는데 가장 부담이 되는 것이 비용 문제였습니다.

특히 소득이 적은 고연령층에서 가격 때문에 치료를 미루거나 포기하기는 경우가 적지 않았습니다. 이런 문제를 줄이기 위해 75세 이상에 적용되던 것이 2016년부터 만 65세 기준으로 최대 2개까지 보험 적용을 받을 수 있게 되었습니다. (뼈이식이나 별도의 재료비는 따로 산정)

보철물 장착 후 횟수제한 없이 3개월간 무상으로 유지관리 받을 수 있습니다. (시술을 진행한 동일한 병원에서 받아야함)

– 보험틀니

7년에 1회 보험 적용이 가능합니다. (보험으로 진행시 진료단계 중 병원 이동이 불가능. 단, 병원 폐업 등의 사유로 진료가 불가피 할 경우 증빙서류를 제출하면 이동이 가능하다.)

환자가 임의로 치료를 중단할 경우, 치료 받은 단계까지 비용부담을 해야 하며, 향후 7년간 보험 틀니 제작이 불가하니 알아두어야 할 사항입니다.

틀니를 제작한 병원에서 3개월 또는 최대 6회까지 무상으로 수리를 받을 수 있고 분실 시에는 비급여로 처리됩니다.

신청 절차

건강보험 - 신청서 작성 후 보험공단 홈페이지에서 수신자 자격확인 및 등록가능

의료급여 - 신청서 작성 후 7일 이내 시/군/구청 담당 부서

비용

건강보험 대상자 - 전체 진료비의 50% 본인부담

국가유공자 및 의료급여 1종 수급권자 - 전체 진료비의 20% 본인부담

의료급여 2종 수급권자- 전체 진료비의 30% 본인부담

| 그림 11 | 국민건강보험이 적용되는 항목

급여항목		비급여항목
• 임플란트, 틀니 (만 65세 이상) • 신경치료 • 잇몸치료 • 일반 스켈링	• 사랑니발치 • 아말감 치료 • 파노라마 사진 • 정기구강검진	• 임플란트 • 치아교정 • 보철치료 • 브릿지 • 미백치료

| 치과 치료비도 소득공제나 연말정산에 반영될 수 있나요?

치과 치료도 연말정산에서 의료비 세액공제에 해당됩니다.

치과에서 자신의 이름으로 진료를 받았다면 자동으로 연말정산에 포함됩니다. 혹시 연말정산에 반영되지 않았다면 병원에서 증빙서류를 제출받아 홈택스에서 제공하는 〈소득 세액공제 자료제출〉에 전체 본인부담금(보험+비보험)을 제출하면 됩니다.

건강보험에 적용되는 진료 부분은 신경치료, 잇몸치료, 스케일링, 아말감 등입니다.

치아에 관련된 미용과 성형수술, 건강증진 의약품 구입비용은 공제 대상이 아닙니다. 세부적인 사항들이 많고 매년 수시로 바뀌니 세액공제 내용이 궁금하신 분들은 국민건강보험공단(www.nhis.or.kr)에서 확인하세요!

3

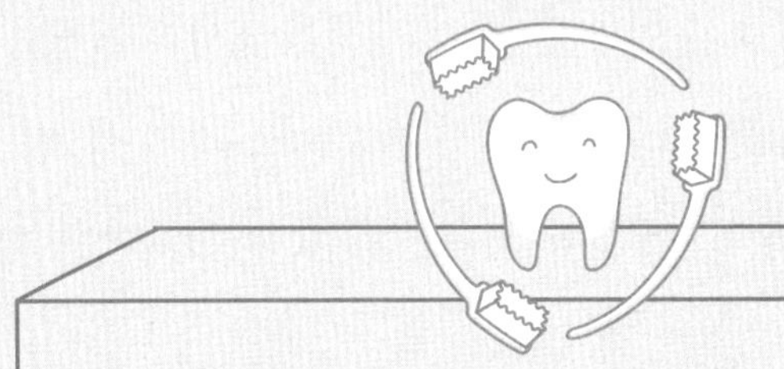

치과 진료의 현 상황과 개선점

치료해주시겠다는 원장님, 어디 계세요?

앞서도 말씀드렸는데요, 담당의사가 아닌 실장이나 스텝이 치료 할 부분들을 권유하는 것은 정상적 시스템이 아닙니다. 고가의 불필요한 치료를 권유할 가능성도 있습니다. 또한 의사가 환자와 전혀 이야기를 하지 않고 진료만 보거나 치료에 대해 자세하게 묻는 것에 위화감이 느껴진다면 다시 한번 고려해보는 것이 좋습니다.

저는 원장이 경영자가 되어서는 안 된다고 생각합니다. 원장은 경영자가 되고 환자는 고용된 페이닥터에게 협의된 내용을 맡기게 되면 환자에게 맞는 진료보다 설득된 내용을 서둘러 진행하는 구조가 만들어질 수 있습니다. 나중에 다시 찾은 병원은 새롭게 고용된 의사들이 맡게 되어서 일관성 있는 치료도 어렵게 합니다.

어떤 담당의가 자신을 치료하는지 알 수 있고, 진료 계획에 대해 친절한 설명을 들을 수 있다면 서로 신뢰를 쌓아가면서 믿고 맡길 수 있지 않을까요.

환자와 의사의 목표는 다르지 않아야 합니다. 의사는 환자를 위해 정성을 다하고 환자는 의사를 온전히 믿고 맡길 수 있을 때 최선의 진료로 함께 웃을 수 있으니까요.

| 과잉진료가 걱정된다면

참 희한하죠? 과잉진료에 대해 미디어를 통해 자주 보도가 되는데 여전히 끊이질 않는 걸 보면 말입니다. 그런데 각 병원의 문제도 있겠지만 구조적인 이유도 없지 않다고 봅니다.

제가 생각하기에 한명의 치과의사가 하루 20~25명의 진료를 보는 것은 적절하다고 생각합니다. 30명 이상 진료를 보는 것은 정상적인 범위를 넘어선 것입니다. 그런데 저는 혼자서 하루에 80명 이상 환자를 보는 곳도 알고 있습니다. 그게 가능하기나 한 일인가 생각이 들었죠.

저도 처음 개인병원을 열면서 하루 25명 정도 상한선을 두고 집중해서 진료하자 그렇게 생각하고 시작했습니다. 하지만 그렇게 제한을 두면 병원을 유지하기가 쉽지 않다는 것을 알기까지 일주일도 걸리지 않았습니다.

사실 작은 병원이라도 매달 운영비가 상당하기 때문에 경영의 압박이 있을 때 과잉진료의 유혹을 떨치기가 쉽지 않습니다. 특히 자연 치아를 살리고 유지하는 것 보다 고가 치료를 설득해서 진행했을 때 훨씬 수익면에서 유리한 상황이라면 더욱 그렇습니다. 치아보존과 잇몸 치료는 수가가 낮고 임플란트 등 고가의 치료들은 병원의 자율에 맡기다보니 계속해서 불필요한 치료의 사례는 이어져 갈 수 있습니다.

고객과 병원이 모두가 만족하는 적정한 치료 수가를 찾기란 매우 어려운 문제입니다. 다만 성실하고 꾸준하게 진료를 보는 치과의사가 경영의 압박을 심하게 느끼지 않고 소신껏 진료를 할 수 있는 환경으로 개선이 필요한 것은 분명합니다. 양심적으로 마음 편히 환자를 볼 수 있도록 말이죠. 예를 들어 이비인후과의 경우 보험 진료가 대부분이라서 매출과 고객 수의 큰 변동이 없는 안정적인 모습을 보입니다. 그런데 치과의 경우 매일 환자수와 치료 종류에 따라 매출이 열배 이상 차이 나기도 합니다.

치과 운영에는 이처럼 환자들은 잘 모르는 어려운 속사정이 있답니다.

그래서 저는 치과의 건강보험의 확대가 실시되어야 한다고 생각한 것 입니다.

치과 보험급여 확대와 합리적인 수가로 치과의사로서 안정감과 자부심을 키우게 된다면 환자 입장에서도 치료의 질이 높아지고 오랫동안 믿고 맡길 수 있는 신뢰관계를 만들어갈 수 있으니까요.

과잉진료를 부르는 또 하나의 원인은 바로 전신 의학적 접근입니다.

앞에서 밝혔듯이 잇몸질환이 있다면 심장과 폐질환, 조산과 당뇨 가능성 등이 높다는 것은 입증된 사실입니다. 그러나 치아의 교합이 정확히 맞으면 척추가 바로 잡히고, 그로인해 전신이 바로 서 온몸의 통증이 사라진다는 전신통합적인 접근은 과도한 발상입니다.

치아는 계속해서 맞닿아있거나 압력이 가해지는 시간이 적습니다. 잘못된 교합 상태로 목, 어깨, 허리 등의 골격에 통증이 오고 나아가 전신 이상까지 발생하는 일은 극히 드뭅니다.

우리나라에서 완전한 교합상태를 가진 사람은 전체 인구의 5%도 되지 않습니다. 치아의 교합이 정확하게 맞지 않아 전신에 문제가 생긴다고 하면 대다수가 전신질환을 가지고 있어야 합니다. 그러나 대부분의 사람들은 자신의 교합 상태에 잘 적응하며 살아갑니다.

다른 분야와 마찬가지로 치의학 역시 충분한 증거에 바탕에 둔 치료를 해야 합니다. 치과 영역에서 통합의학적인 접근은 아직 증거가 부족한 상황입니다. 치의학 교과서에도 교합치료는 되돌릴 수 어렵기 때문에 가능하면 하지 말라고 명시되어있습니다. 즉 치아를 깎거나 턱관절을 움직이거나, 교합에 변화를 주는 등 되돌릴 수 없는 치료는 매우 조심스럽게 선택해야 한다는 것입니다.

따라서 현재 의학적으로 연관성이 있다고 판명된 몇몇 사례를 제외하고는, 치아와 전신건강의 연관성을 너무 크게 생각하지 않는 것이 과잉진료를 막을 수 있는 방법 중 하나일 것입니다.

| 원데이 치료, 맡겨도 괜찮을까요?

"원데이 수술, 반값진료, 디지털 기술? 눈에 띄는데 한번 맡겨 볼까?"

고가의 치료를 생각한다면 아마 한번 쯤 고민 해보셨을 겁니다.

어느날 지하철에서 오전에 발치를 하고 오후에 임플란트를 심으면 저녁에 바로 식사를 할 수 있다는 원데이 임플란트 광고를 보았습니다. 하루 만에 모두 가능하다니 놀라울 따름이었죠. 바쁜 사람들일수록 혹할 수 있는 광고로 느껴졌습니다.

사실 원데이 시술은 병원에서 환자를 놓치지 않기 위해 빠르게 진행하기 위한 경우가 많습니다.

더구나 신속하게 끝날 거라는 보장도 사실은 없습니다.

예를 들어 아침에 가서 인공 치아를 맞추고 깎고 기다리다가 오후에 다시 와서 시술을 받는 것을 시간으로 따지면 하루가 다 소비가 됩니다. 차라리 하루에 한 시간 정도 치료 하고, 다른 날 와서 또 한 시간을 하면서 진행하면 오히려 시간을 절약할 수 있게 됩니다. 그리고 좀 더 정교하게 나올 수 있죠.

세렉 시술, 혹시 들어보셨나요?

하루 만에 모든 것을 끝낸다는 컨셉입니다.

거짓이냐고요? 아닙니다. 사실입니다. 그러나 여기서 허점이 생깁니다.

치아를 본뜨는 과정을 생략하고 광학 스캐너로 바로 찍어서 그대로 기계로 보철물을 제작하는 방식이죠. 그런데 현재 광학 스캐너는 빛의 굴절로 인해 오차가 존재합니다. 이 오차가 커지면 어떻게 될까요? 이로 인해 시리다는 환자분들의 이야기를 매우 많이 들었습니다. 특히 보철물의 적합도가 제대로 맞지 않지 않으면 씹을 때마다 미세한 진동이 계속 일어나 시리거나 뼈에 통증이 올 수 있기 때문입니다.

교정의 경우도 기존의 보철교정을 대체 할 만큼 충분히 효과적인 시술은 아직 없습니다. 새로운 기술은 반길 일이지만 무엇보다 확실한 검증이 필요하죠. 특히 이른바 급속교정의 경우는 무리수를 둔다는 생각이 듭니다. 왜냐면 사람은 누구나 일정기간 치유의 기간이 필요하기 때문입니다. 어떻게 하면 단시간에 빨리 끝낼 것인가에 우선을 두면 효과는 떨어지고 실패할 확률은 높아집니다.

저 역시 미래의 진료 방향은 단기간에 간편하게 끝낼 수 있는 시술이 맞다고 봅니다. 그러나 현재의 수준에서 무조건 서둘러서 진행한다고 좋을 건 없습니다. 보통 시술은 90% 이상의 환자가 전보다 더 나아지는 결과를 보일 때 추천할 수 있는 수준까지 왔다고 봅니다.

새로운 기술들과 장비들이 앞으로 획기적으로 발전한다면 기준이 달라질 수 있겠지만, 현재로서는 한단계씩 밟아가면서 조금 더 정밀하고 편안하게 가는 것이 낫다고 말씀드릴 수 있습니다.

| 새로운 치과기술에는 어떤 것들이 있나요?

최근에 많이 알려지고 보급되고 있는 치료 중에는 내비게이션 임플란트, 광학 스캐너, 3D프린트 치아 등이 있습니다.

내비게이션 임플란트는 이름을 참 잘 붙인 것 같습니다.

보통 임플란트 전에 식립 위치와 각도 등을 컴퓨터로 모의시술 합니다.

예전에는 이것을 참조해서 시술자의 감각으로 식립을 했습니다. 내비게이션 임프란트를 통하면 컴퓨터 모의시술 결과를 그대로 실제 시술에 반영할 수 있게 됩니다. 자동차 내비게이션처럼 임플란트가 식립되는 위치를 미리 안내 받을 수 있는 것이죠. 특히 여러 개를 식립할 때 방향의 틀어짐이나 수평적인 오차가 거의 없기 때문에 치아가 받는 힘을 수직으로 정확히 받을 수 있게 합니다.

또 다른 장점은 잇몸을 절개하지 않고 시술할 수 있다는 점입니다.

전에는 잇몸을 열고 뼈를 노출시킨 상태에서 시술을 하고 꿰매는 작업을 해야 했습니다. 내비게이션 임플란트는 나사가 들어갈 작은 구멍만 뚫으면 되기 때문에 출혈이나 붓는 현상도 거의 없습니다. 물론 추가적인 시뮬레이션 작업으로 개당 30만원 정도의 비용 차이가 있습니다. 그러나 이러한 장점들이 있어서 환자들의 만족도가 높은 시술 중 하나입니다.

3D 프린터로 만드는 인공 치아는 정밀성이 뛰어납니다. 현재 3D프린터는 치과 분야에서 가장 활발히 사용되는 기술이죠. 3D를 통한 교정 등 다양한 치료방법들도 앞으로 쏟아져 나올 것으로 예상됩니다.

그러나 앞서 말씀드렸듯이 광학 스캐너의 경우 여러 개의 치아를 스캔하는 과정에서 빛의 굴절 등으로 오차가 생겨서 정밀성이 오히려 떨어질 수 있습니다.

연결된 치아를 스캔해서 3D 프린터로 인공 치아를 만들게 되면 오차가 커서 잘 맞지 않을 수 있는 것이죠.

결론적으로 저는 검증된 기존의 전통적인 치료방법을 우선 고려하고, 새로운 기술들은 검증기간을 거치고 케이스가 쌓인 뒤에 선택하는 것이 안전하다고 봅니다. 또한 치과는 사람의 손으로 처음부터 끝까지 해내야 하기 때문에 첨단 기술과 장비보다는 결국 시술자의 정확한 상황 판단과 예술적인 감각이 질적인 차이를 만들게 됩니다.

| 우리 동네 좋은 치과!

환자가 생각하는 좋은 치과는 어떤 곳일까요? 잘하면서도 싸게 해주는 곳?

하지만 제가 생각하기에 좋은 치과의사는 파격적인 비용절감을 해줄 것 같지는 않습니다.

정말 좋은 치과라면 꼭 필요한 치료를 적재적소 하고 그에 합당한 비용을 받을 것입니다.

그래서 비용을 알아보기 위해 이곳저곳 가격비교를 하며 병원을 옮겨 다니는 것은 좋지 않습니다. 저기서는 얼마였고 이

병원은 가격 어떻더라, 옆에 병원도 알아 봐야겠다 하는 식으로 계속 옮겨 다니면서 의료쇼핑을 하는 것은 오히려 좋은 치료 기회를 놓칠 수 있을 뿐만 아니라 시간적, 감정적으로도 지치게 만듭니다.

단, 자연치아를 살려보기 위해서 돌아다녀보는 것은 바람직하다고 봅니다. 최대한 자연치아를 살리고자 보존적 치료를 행하는 병원을 찾는 것은 쉽지 않은 일입니다.

"선생님. 저는 벽에 부딪쳐서 이를 다쳤어요. 그런데 지금은 아픈 치아 보다 머리가 더 아프네요. 어떤 곳은 뽑고 임플란트를 하자하고 다른 곳은 양 옆 치아를 깎아 브릿지를 하자 하니 어쩌죠?"

얼마 전 내원한 40대 여성분은 벽에 부딪혀 치아를 다쳐서 이미 몇 군데의 치과를 다녀온 후였습니다. 치과마다 임플란트나 브릿지 등 보철치료가 필요하다고 했지만 혹시나 하는 마음에 자연치아를 살릴 수 있는 병원을 계속 찾아다닌 것입니다. 진료를 해보니 치아가 약간 비틀어진 상태였는데, 재위치를 시키면 충분히 다시 사용이 가능했습니다.

요즘에는 온라인을 통해 치과를 많이 찾으시곤 합니다. 시대가 변했으니 어찌 보면 당연한 것이겠죠. 저희 치과도 그런 분들이 많이 오시니까요. 특히 지역 커뮤니티, 주부님들 맘카페 등 자발적으로 글을 올리는 곳에서 정보를 얻는 것은 솔직한 이야기를 직접 들을 수 있으니 좋은 것 같습니다.

멀리 가지 마시고 가까이에 있는 동네 치과로 방문해 보세요. 헬스장도 멀리 있는 곳은 잘 안 가게 되듯이 가깝게 두고 편하게 이용하는 것이 좋기 때문입니다.

병원이름에 기대지 마시고요. 말씀드렸죠? 환자를 대하는 자세와 실력이 더 중요하다고요.

또 치과를 선택할 때 전문 영역을 찾으면 좀 더 효과적인 치료가 가능할 수 있습니다. 개인병원에서도 보철과 교정과 치주과 등 담당 전문의과정을 거친 의사는 그 분야를 오랫동안 깊이 수련했기 때문에 숙련된 치료가 이루어질 수 있습니다.

| 그림 12 | **치과 전문의 분야 소개**

구강내과

턱관절 장애, 만성 구강안면통증, 이갈이, 코골이 입냄새, 입 마르는 증상, 입안 점막에 발생하는 질환의 치료 초진환자의 진단 및 각종 기기를 이용한 정밀 검사

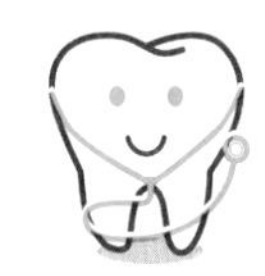

구강악안면외과

구강, 얼굴, 턱, 치아에 관한 외과적 수술, 구강암의 예방 및 치료, 얼굴의 기형 수술(주걱턱, 무턱, 얼굴 삐뚤어짐), 구순구개열(언청이 수술), 안면골 골절의 치료, 인공치아 재건외과술

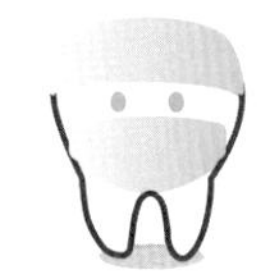

치과보존과

충치 치료, 신경치료, 찬물에 시린 이, 딱딱한 것을 씹기 곤란할 때, 앞니의 모양과 색을 개선하고자 할 때, 다쳐서 치아가 부러지거나 흔들릴 때

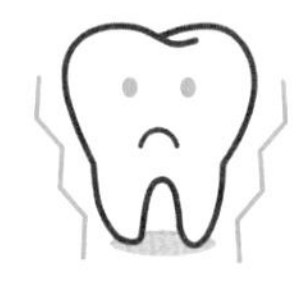

치과교정과

덧니, 주걱턱이나 무턱, 삐뚤어진 얼굴, 치열 이상, 선천적 및 후천적인 턱과 얼굴의 기형, 턱관절의 이상과 관련된 교정치료

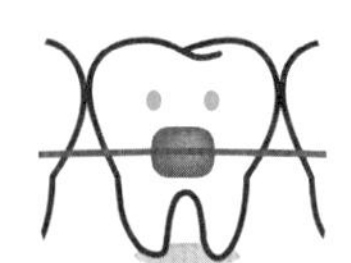

예방치과

치아건강의 예방조치를 통해 충치와 잇몸 질환 등의 발생을 막음.
바쁜 학령기 아동과 근로자들의 예방교육 및 구강검진, 질병의 조기 발견

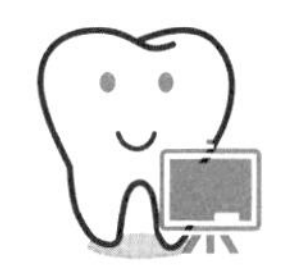

치주과

잇몸 이상의 치료, 잇몸에서 피가 남, 치아 흔들림, 정기적인 스케일링, 잇몸 수술 등

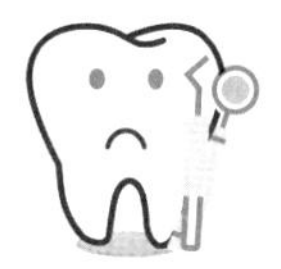

치과보철과

빠진 치아를 새로 만들어 넣음, 각종 보철물 제작, 음식물 씹는 기능 회복

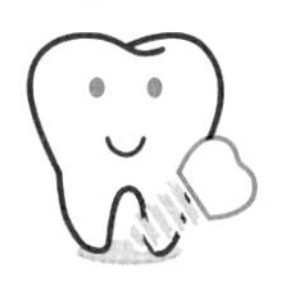

소아치과

어린이 치아수복, 어린이 치아 외상, 치아맹출장애, 어린이 교정치료, 구강과 치아의 발육성 장애, 장애아동 치과 치료

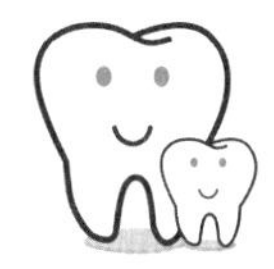

대한치과의사협회에서 배포한 우리 동네 좋은 치과 찾는 방법을 소개합니다.

1. 환자를 위해 꼭 필요한 진료만 합니다.
2. 치과의사가 직접 상담합니다.
3. 위임진료 없이 치과의사가 직접 진료합니다.
4. 안전하고 검증된 재료만 사용합니다.
5. 간단한 진료도 마다 않고 언제나 최선을 다합니다.

더불어 좋은 치과를 찾는 방법!

1. 담당 의사들의 약력과 성명이 정확히 공개되고 전문성이 확실한 치과

- 해당병원의 진료를 담당하는 의사들의 성명, 출신학교, 레지던트 수련경력, 전문의 여부 등이 정확히 공개되는지 여부

2. 잇몸치료, 신경치료, 사랑니발치 등 기본진료에 충실한 치과

- 치과 치료의 기본이 되는 보험진료 등을 꼼꼼히 설명해주

고 제대로 치료해주는 치과가 좋은 치과입니다. 기본치료만 잘 받아도 상태가 심각해지는 것을 막을 수 있습니다. 임플란트, 보철치료만 강조하는 경우 문제가 있을 수 있습니다.

3. 주변 사람들이 추천하는 치과

- 치료비용이 저렴하다고 추천하는 것이 아니라 진료의 질에 대해 추천하는 치과를 가는 것이 좋습니다. 세상에 싸고 좋은 것은 없습니다. 충분한 시간을 들이고 좋은 재료를 사용하되 제대로 치료하는 중요합니다. 좋은 치과는 박리다매 전략을 쓰지 않습니다.

"고맙다! 치아야!"

20세의 치아를 80세까지 유지하고자 하는 2080운동이 활발했었던 때를 기억하시나요.

이제는 벌써 100세까지 "씹고 맛보고 즐겨야 하는" 치아를 유지해야 하는 시대에 와 있습니다.

아시다시피 우리나라의 수명이 늘어나는 속도는 세계에서 가장 빠릅니다. 수명이 긴 것도 중요하지만 질병과 통증으로 고통 받지 않는 기간도 함께 늘어나야 삶의 만족도가 높아질 것입니다.

특히 건강한 자연치아를 유지하며 살아가는 것은 백세시대에 첫걸음입니다. 치아는 어떤 신체 부분보다 강하고 오래갈 수 있는 조직이라서 이정도 나이가 됐으니까 안 좋아질거다 그런 법이 없습니다. 관리만 잘 하면 100세가 돼서도 20대 못지않은 건강 상태를 유지할 수 있습니다. 저는 그런 환자들을 꽤나 많이 봐왔습니다.

어린아이들처럼 하얗고 반질반질한 상태는 아니지만 살아가는 과정에서 조금 깨지고 닳았더라도 먹고 맛보는데 불편함이 없다면 행복지수는 크게 올라갑니다.

백세시대에도 치과에서 말씀드리는 것은 똑같습니다. 식사 후에 양치를 꼼꼼히 하고 치실과 치간칫솔을 병행하는 것, 그리고 지속적으로 믿을 수 있는 치과를 정해서 일 년에 한 두 번씩 선생님과 점검하고 청소한다면 정말 오래 유지할 수 있습니다.

알고 보면 치과는 무섭거나 두려워 할 곳이 아니죠. 정말 두려워해야 할 것은 제대로 맛보지 못하고 시원하게 웃지 못 하는 일이 아닐까요?

우리 입 안은 28개의 치아가 모여 살아가는 공간입니다.

저는 진료를 해오면서 치아 하나하나가 살아있는 생명체라는 사실을 매일 느끼고 있습니다. 문학적인 표현이 아니라 정말 각각 느낌을 지닌 생명이라고 말이죠.

그래서 아프고 불편한 시기가 찾아와도 나와 함께 살아가는 친구들이라고 생각하고 하나의 치아라도 쉽게 포기하지 않았으면 좋겠습니다.

그래서 백세가 되어서도 이렇게 말씀하셨으면 좋겠습니다.

"고맙다 치아야! 평생 내 곁에 있어줘서!"

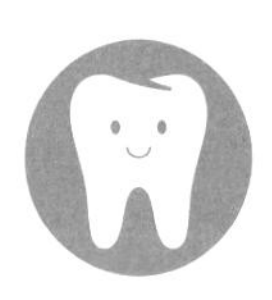

백세치아

자연치아를 살리는 평생 보장플랜

1판 1쇄 발행 2017년 3월 17일
1판 2쇄 발행 2017년 9월 1일

지은이 김문섭
펴낸이 강준기
펴낸곳 메이드마인드
디자인 아르떼203

출판등록 2013년 4월 21일 제2016-000117호
주소 서울시 마포구 용강동 67-1 인우빌딩 5층
팩스 0505-333-3535
이메일 mademindbooks@naver.com

ISBN 979-11-959242-1-9 03000